AUS EINER SCHEINBAR KLEINEN FRAGE KANN WAHRES WISSEN WERDEN, WENN WIR SIE ERNST NEHMEN UND SIE NICHT MIT KURZEN ANTWORTEN ABWIMMELN.

Wenn wir ihr Raum geben, wird aus einem kleinen Teil ein großes Puzzle. Aus einem dünnen Faden ein starkes Netz. Aus einer leisen Stimme ein lauter Chor. Eine scheinbar kleine Frage hat die Kraft, das Eis zu brechen. Darunter wartet eine Welt, die selbst Erwachsene staunen lässt. Wir müssen nicht auf Wunder warten. Denn sie sind schon da.

MAI THI NGUYEN-KIM & MARIE MEIMBERG

BIBIBIBER HAT DA MAL 'NE FRAGE

SIND DINOS WIRKLICH ALLE TOT?

TEXT: MAI THI NGUYEN-KIM & MARIE MEIMBERG
IDEE & BILDER: MARIE MEIMBERG

Verlag Friedrich Oetinger · Hamburg

SAGT MAL, MAI UND MARIE:
SIND DINOS WIRKLICH ALLE TOT?
BIBIBIBER! KOMM, WIR MACHEN ES UNS GEMÜTLICH. DANN SCHREIBEN UND MALEN WIR DIR EIN GANZES BUCH VOLL MIT ANTWORTEN.
DARF ICH AUCH ZWISCHENFRAGEN STELLEN?
UNBEDINGT!
BIBIBIBER
MARIE
MAI
SIND DINOS WIRKLICH ALLE TOT?

DAS STECKT ALLES HIER DRIN:

DINOSAURIER

Diese großen, grünen, gruseligen Echsenwesen, die einst auf dieser Erde lebten, bis vor 66 Millionen Jahren ein Asteroid aus dem Himmel stürzte und sie alle ausstarben. Diese krokodilartigen Kreaturen mit langen Klauen und scharfen Zähnen. Spektakulär schrecklich. Und großartig grauenhaft. Wir alle kennen so viele Geschichten über sie. Es gibt Dinosaurier-Kuscheltiere und Luftballon-Dinosaurier, Dino-T-Shirts und Dino-Kostüme, Stegosaurus-Socken und T-rex-Spielfiguren. Aber weißt Du was? Die Geschichten, die bisher viele über Dinosaurier erzählten, die stimmen gar nicht. Nicht nur sahen sehr viele Dinosaurier ganz anders aus, als wir bisher dachten:

SIE SIND AUCH GAR NICHT ALLE TOT!

Ziemlich wahrscheinlich begegnest Du ihnen sogar jeden Tag. Aber fangen wir von vorne an.

HIER GEHT'S LOS →

Es ist ziemlich unglaublich: Die Erde, die heute unser Zuhause ist, war vor sehr langer Zeit einmal das Zuhause der Dinosaurier. Und sagen wir mal so: Die Dinosaurier waren wirklich nicht nur kurz zum Spielen zu Besuch auf diesem Planeten. Sehr, sehr, sehr, sehr, sehr lange Zeit haben die Dinosaurier auf der Erde den Ton angegeben.

SO LANG HAB ICH HIER DEN TON ANGEGEBEN:

Und wenn wir sagen: sehr, sehr, sehr, sehr, sehr lange Zeit, dann meinen wir das genau so:
Mehr als 165 Millionen Jahre lebten Dinosaurier auf der Erde. Wir Menschen leben erst 300.000 Jahre hier. Aber das sind so große Zahlen, dass man sie gar nicht richtig begreifen kann. Komm, wir malen Dir das Ton-Angeben mal auf.

Aber auch so kann man sich kaum vorstellen, was diese Zahlen für die ganze Geschichte der Erde bedeuten. Vielleicht hilft es, wenn wir es so erklären:

BITTE UMBLÄTTERN

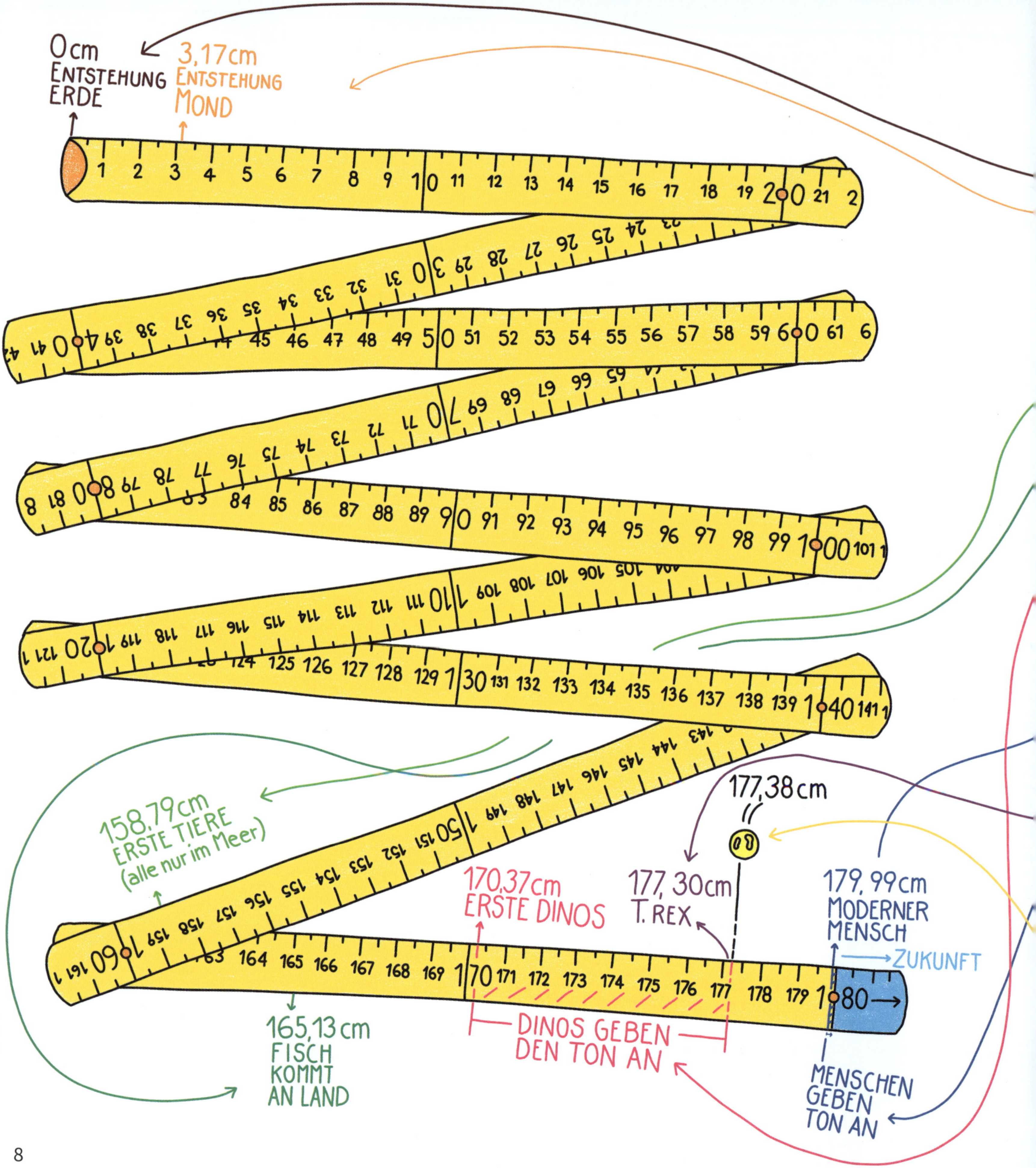

0 cm
ENTSTEHUNG ERDE
3,17 cm
ENTSTEHUNG MOND
158,79 cm
ERSTE TIERE
(alle nur im Meer)
165,13 cm
FISCH KOMMT AN LAND
170,37 cm
ERSTE DINOS
DINOS GEBEN DEN TON AN
177,38 cm
177, 30 cm
T. REX
179, 99 cm
MODERNER MENSCH
ZUKUNFT
MENSCHEN GEBEN TON AN

Stell Dir vor, die Geschichte der Erde wäre wie ein 180 Zentimeter langer Zollstock. Wenn wir die Jahre, die es unsere Erde schon gibt, auf Zentimeter umrechnen, würde dieser Zollstock so aussehen:

0 Zentimeter: Die Erde entsteht. Das war vor 4,54 Milliarden Jahren.
3,17 Zentimeter: Der Mond entsteht. Das war vor 4,46 Milliarden Jahren.

BIBIBIBER: Und dann? Waren dann sofort Dinos da?

NEIN! Erst mal gab es sehr, sehr lange Zeit überhaupt gar keine Tiere auf unserer Erde. Erst bei 158,79 Zentimetern, das war vor 535 Millionen Jahren, lebten erste Tiere hier. Und die waren alle nur im Meer. Bis dann bei 165,13 Zentimetern der erste Fisch vom Meer an Land kam. Tiktaalik hieß er – und mit ihm begann vor 375 Millionen Jahren das Leben von Tieren an Land. Danach dauerte es noch einige Zentimeter, also einige Millionen Jahre, bis dann bei 170,37 Zentimetern die ersten Dinos auf der Erde lebten.

Siehst Du den pink-gestreiften Teil auf dem Zollstock? 7,01 Zentimeter ist der lang. So lang haben die Dinosaurier hier den Ton angegeben.

Und wir Menschen? Wir modernen Menschen, wir kamen erst bei 179,99 Zentimetern auf den Zollstock der Erde. Und wenn man ganz genau hinschaut, dann sieht man einen minikleinen blauen Pfeil direkt unter dem Zollstock. Weißt Du, was das ist? Das ist die Zeit, seit der wir Menschen hier sind und den Ton auf der Erde angeben. Der Pfeil ist wirklich miniklein, nicht mal einen Zentimeter ist er lang! Denn wir modernen Menschen, wir sind erst seit 0,11 Millimetern hier auf dieser Erde. Da sind sogar unsere Menschen-Fingernägel dicker!

Falls Du einen Zollstock in Deinem BiBiBiber-Bau hast, klappe ihn mal bis 180 Zentimeter aus. Und dann schau Dir an, wie miniklein diese Menschen-Zeit im Vergleich zum langen Zollstock der Erde ist.

Oh! Und auch ganz witzig: Der T. rex lebte näher an uns Menschen als an den ersten Dinosauriern. Auf unserem Zollstock der Erde kommt er bei 177,30 Zentimetern dazu. Das heißt, von den ersten Dinos trennen ihn 6,93 Zentimeter. Von uns modernen Menschen, da trennen ihn nur 2,69!

BIBIBIBER: Aber auf dem Zollstock, da wirkt es so, als wäre die Zeit der Dinos vorbei?

Siehst Du den gelben Bollen – da bei Zentimeter 177,38? Er ist der Grund, weshalb so viele Menschen glauben, alle Dinos wären tot. Denn er war der Grund, weshalb sich an einem Tag unsere Erde für immer veränderte und die Geschichte der Dinos eine plötzliche Wendung nahm.

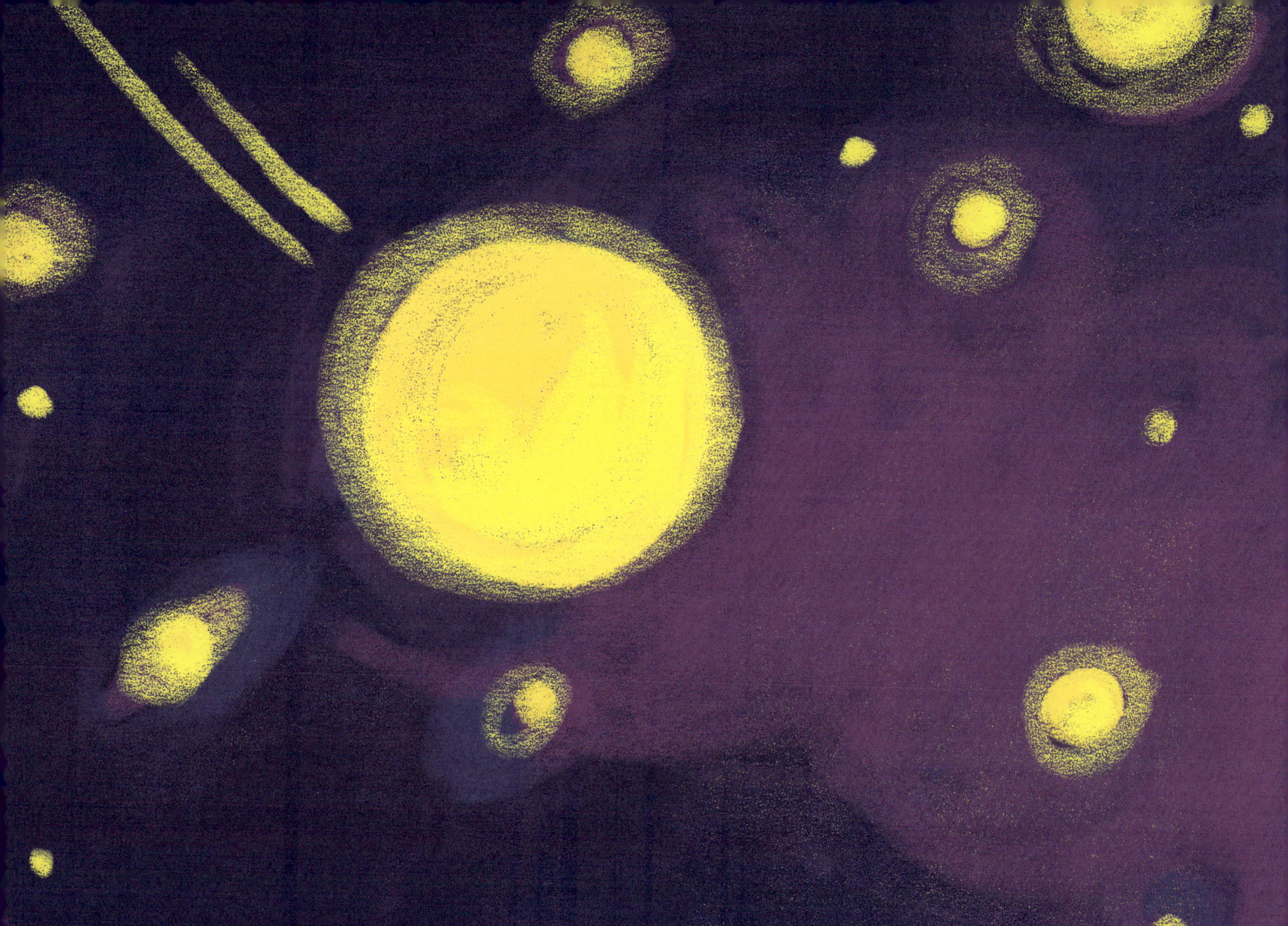

Alles begann damit, dass am Dino-Himmel ein heller neuer Stern erschien. Dieser neue Stern war besonders. Denn er flog. Nicht so wie eine Wünsch-Dir-Was-Sternschnuppe, die an der Erde vorbeifliegend mit ihrem Schweif einen Leuchtstreifen in den Himmel malt. Nein. Der besondere Stern flog direkt auf die Erde zu. Aber die Dinos, die haben diesen besonderen Auf-Die-Erde-Zufliege-Stern wahrscheinlich gar nicht bemerkt. Denn soweit wir wissen, lagen Dinos eher selten auf einer Decke, haben in den Nachthimmel geschaut und gehofft, eine Wünsch-Dir-Was-Sternschnuppe zu entdecken.

Und selbst wenn sie ihn bemerkt hätten, hätten sie wohl nicht verstanden, dass dieser Auf-Die-Erde-Zufliege-Stern ein Riesen-Himmel-Stein war. Ein Riesen-Himmel-Stein, der die Geschichte unseres Planeten für immer verändern würde. Weil er eben nicht wie eine Sternschnuppe im Himmel vorbeiflog. Sondern – AUAZACKBUMM! – auf die Erde stürzte.

Weißt Du, wie Wasser nur so um sich spritzt, wenn Du mit Anlauf voll doll in eine Pfütze springst? So ist das Wasser auch weggespritzt, als der Riesen-Himmel-Stein auf die Erde einschlug. Aber das Wasser war keine kleine Pfütze.

Sondern ein großer Ozean. Und das, was nach dem Riesen-Himmel-Stein-Aufprall spritzte, waren keine kleinen Pfützenwasserspritzer. Sondern riesige Flutwellen. Höher als das höchste Hochhaus.

Dann folgten Vulkanausbrüche und das wohl stärkste Erdbeben der Geschichte unseres Planeten. Überall loderten Brände und innerhalb kürzester Zeit war unsere Erde ein anderer Ort. Ein Ort, an dem es sehr schwer war, zu überleben. Und das blieb für mehrere Jahre so.

Eine riesige Staubwolke legte sich über die Erde und unser Planet versank in Finsternis. Zwei Jahre verlor die Sonne gegen die dicke Wolkendecke und es war dunkler als am dunkelsten Wintertag. So veränderte sich das Klima auf der Erde. Fürchterlich lange blieb es fürchterlich schattig. Und bitter-bitterkalt.

Du siehst, es war also nicht so: Der Riesen-Himmel-Stein fällt vom Himmel wie ein großer Ball aus schwerem Sternengeröll, trifft die Dinos auf den Kopf, und – AUAZACKBUMM! – die Dinos fallen einfach tot um. Klar, der Einschlag war heftig. Und die meisten Tiere und Pflanzen starben schnell. Aber auch danach war das Leben für Tiere und Pflanzen auf der Erde hart. Vor allem, weil die plötzliche RIESEN-HIMMEL-STEIN-KATASTROPHE so plötzlich kam, dass die Tiere und Pflanzen gar keine Zeit hatten, sich auf die plötzliche Veränderung vorzubereiten.

So starben entweder durch den Aufprall selbst oder in der Zeit danach so viele Lebewesen aus, dass wir von einem Massenaussterben sprechen. Und diese Massenaussterben sind superselten.

Aber einige haben es trotz allem geschafft!!! Nicht nur einige Pflanzen haben überlebt. Auch einige Tiere. Bienen zum Beispiel. Oder Haie und Meeresschildkröten. Aber auch Libellen, Quallen und Schlangen. Sie haben alle schon gelebt, als die Dinosaurier noch lebten. Und sie haben überlebt, als der Riesen-Himmel-Stein auf die Erde knallte und das Massenaussterben auslöste.

Sie sind das eine Viertel, das es geschafft hat.
UND ACHTUNG. Jetzt kommt's.

Mit ihnen hat auch EINE Gruppe Dinosaurier überlebt. Und weißt Du was? Von all den Hunderten unterschiedlichen Dino-Arten, den gigantisch großen und schrecklich starken, haben eben nicht die stärksten und größten überlebt. Sondern die kleinen, gefiederten.

Eine Gruppe der Coelurosaurier.

Und ihre Nachfahren leben noch heute. Mitten unter uns. Du siehst sie wahrscheinlich jeden Tag. Sie sitzen in Bäumen. Und auf Strommasten. Sie schwimmen mit uns im See. Und schweben in Schwärmen über unseren Köpfen. Sie watscheln popowackelnd übers Eis. Und kacken auf die Marktplätze unserer Städte. Sie gackern und plappern. Pfeifen und singen.

VÖGEL

In all ihren unterschiedlichen Formen und Farben. Spatzen, Pinguine, Tauben und Papageien. Der Vogel Strauß und der Paradiesvogel. Der Flamingo und der Schwarze Schwan. Hühner und Enten, Adler und Falken.

Sie alle. Wirklich alle Tiere, die wir heute Vögel nennen: Sie alle sind Dinosaurier. Sie sind die lebenden Verwandten der Dinos. Ja, klar, sie haben sich verändert. Aber es sind immer noch Dinosaurier.

BIBIBIBER: Waaaaaas? Wie kann das denn bitte sein? Und was soll das heißen, sie sind die „lebenden Verwandten" der Dinosaurier?

Na ja, wir haben ja alle Verwandte. Da bist zum Beispiel: Du. Und Du hast Biber-Eltern. Und Deine Biber-Eltern, die haben wieder Biber-Eltern. Und auch die Biber-Eltern Deiner Biber-Eltern haben – richtig – Biber-Eltern. Und die? Die haben auch wieder Biber-Eltern. Und die auch. Und die auch. Und das kann man immer so weitermachen. Auch wir Menschen haben diese Eltern-Leiter. Ganz unten stehen wir. Auf der ersten Leiterstufe unsere Eltern. Auf der darüber unsere Großeltern. Und darüber dann die Ur-Großeltern. Danach kommen die Ur-Ur-Großeltern. Und wieder danach die Ur-Ur-Ur-Großeltern. Mit jeder Leiterstufe kommt dann ein weiteres Ur dazu.

Und da die Leiter wirklich sehr, sehr, sehr lang ist, sind wir irgendwann auf der Leiterstufe unserer Ur-Ur-Ur-Ur-Ur-Ur-Ur-Ur-Ur-Ur-Ur-Ur-Ur-Ur-Ur-Ur-Ur-Ur-Ur-Ur-Ur-Ur-Ur-Ur-Ur-Ur-Ur-Ur-Ur-Ur-Ur-Ur-Ur-Ur-Ur-Ur-Ur-Ur-Ur-Ur-Ur-Ur-Ur-Ur-Ur-Ur-Ur-Ur-Ur-Ur-Ur-Ur-Ur-Ur-Ur-Ur-Ur-Ur-Ur-Ur-Ur-Ur-Ur-Ur-Ur-Ur-Ur-Ur-Ur-Ur-Ur-Ur-Ur-Ur-Ur-Großeltern. Und selbst da sind wir noch nicht am Ende unserer Eltern-Leiter angekommen.

UR
UR
UR
UR
UR
UR
UR
UR
UR
UR
UR
UR
UR
UR
UR
UR
UR
UR
WIR

Aber wir sind ja auch nicht nur mit unseren Eltern verwandt. Viele Eltern haben mehrere Kinder. Und wenn unsere Eltern mehrere Kinder haben, dann sind das unsere Geschwister. Und mit denen sind wir auch verwandt.

Oder unsere Eltern haben nur ein Kind. Aber die Eltern unserer Eltern haben mehrere Kinder. Dann sind das die Geschwister unserer Eltern. Und mit denen – genau –, mit denen sind wir auch verwandt.

Und wenn die Geschwister unserer Eltern auch Kinder haben, dann sind wir sogar mit den Kindern unserer Eltern-Geschwister verwandt.

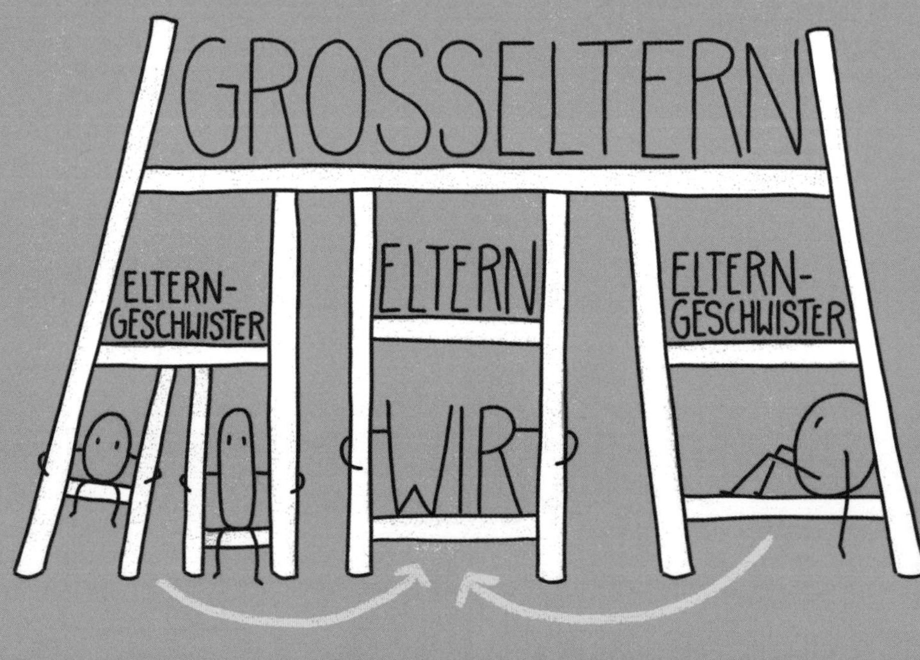

Deswegen können wir die Leiter nicht nur schnurstracksgerade von uns unten zu den Ganz-Arg-Vielen-Ur-Großeltern nach oben klettern. Nein, an manchen Stellen, da können wir auch nach rechts abbiegen. Oder nach links. Und so sieht unsere Verwandtschaft gar nicht so richtig aus wie eine Leiter. Sie sieht eher aus wie ein großes Klettergerüst.

Komm, wir zeichnen Dir das mal auf. Dann können wir zusammen im Verwandtschafts-Klettergerüst der Menschen turnen. Und wir können auch etwas wirklich Witziges entdecken. Denn wenn wir unser Menschen-Verwandtschafts-Klettergerüst eine ganze Weile nach oben klettern, bis wir auf der Plattform unserer Sehr-Viele-Ur-Großeltern angekommen sind, sehen wir: Die hatten auch mehrere Kinder. Und wir können hier oben überraschende Verwandte treffen.

Denn wenn ein Schimpansen-Kind sein Familien-Klettergerüst – so wie wir auch – von unten nach oben klettert, dann kommt es bei den gleichen Sehr-Viele-Ur-Großeltern an wie wir. Ja, richtig gehört. Schimpansen und wir, wir haben die gleichen Sehr-Viele-Ur-Großeltern. Und die hatten mehrere Kinder, die sich ziemlich ähnlich sahen. Sie sahen nicht so aus wie wir Menschen heute. Und auch nicht wie Schimpansen.

Aber von Klettergerüst-Stufe zu Klettergerüst-Stufe haben sie sich langsam zu dem entwickelt, was heute Menschen und Schimpansen sind. Ihr Klettergerüst und unser Klettergerüst sind miteinander verbunden. Die Menschen können auf der einen Seite hochklettern, die Schimpansen auf der anderen. Und irgendwann kommen wir oben bei der gleichen, uns verbindenden Sehr-Viele-Ur-Großeltern-Plattform an.

Und von hier aus könnten wir gemeinsam mit dem Schimpansen-Kind noch weiter nach oben klettern. Nicht nur würde es bestimmt superviel Spaß machen, zusammen mit einem Schimpansen-Kind über unser Menschen-Schimpansen-Verwandtschafts-Klettergerüst zu kraxeln. Wir würden auch irgendwann nach langer Klettergerüst-Kraxelei noch mehr gemeinsame Verwandte treffen. Denn die Menschen-Schimpansen-Sehr-Viele-Ur-Großeltern, das waren auch die Sehr-Viele-Ur-Großeltern von Gorillas. Auch deren Kinder sahen sich alle ähnlich. Und wurden erst über die Klettergerüst-Stufen zu dem, was heute Menschen, Schimpansen und Gorillas sind.

Aber wir sind alle zusammen auf einer gemeinsamen Ur-Großeltern-Plattform auf dem Menschen-Schimpansen-Gorilla-Verwandtschafts-Klettergerüst gestartet. Und von der Plattform aus könnten das Gorilla-Kind, das Schimpansen-Kind und wir jetzt zu dritt wieder weiter nach oben klettern. Und weißt Du was? Wir würden unterwegs immer mehr gemeinsame Verwandte treffen. Das Orang-Utan-Kind. Und das Gibbon-Kind. Das Pavian-Kind und das Kapuzineraffen-Kind. Sie alle würden wir treffen auf unserer gemeinsamen Klettergerüst-Kletterreise. Bis wir irgendwann alle zusammen bei den gemeinsamen Sehr-Viele-Ur-Großeltern aller Affen ankommen würden.

Siehst Du uns da oben neben all den Affen auf der Klettergerüst-Plattform sitzen? Das sind alle unsere Verwandten. Und weißt Du, was das heißt? Wir Menschen, wir klettern nicht nur mit Affen in einem Klettergerüst. Wir sind Affen.

⊗ WÜRDEN ALLE HOCHKLETTERN, KÖNNTEN WIR UNS HIER TREFFEN: BEI DEN SEHR-SEHR-VIELE-UR-GROSSELTERN ALLER AFFEN.

△ KOBOLDMAKIS GEHÖREN NICHT ZU DEN AFFEN. UM SIE ZU TREFFEN, MÜSSTEN WIR MIT UNSEREN AFFENVERWANDTEN NOCH EINE KLETTERGERÜST-PLATTFORM NACH OBEN KLETTERN.

Und so, wie wir Menschen im Affen-Klettergerüst sitzende Affen sind, so sind die Vögel im Dinosaurier-Klettergerüst sitzende Dinosaurier. Denn wenn alle Dinos in ihrem Klettergerüst nach oben klettern würden, bis sie sich auf der Sehr-Viele-Ur-Großeltern-Plattform aller Dinosaurier treffen, dann würden da auch die Vögel sitzen. Und gemeinsam mit ihren Dino-Verwandten ihre Dino-Vögel-Beine baumeln lassen.

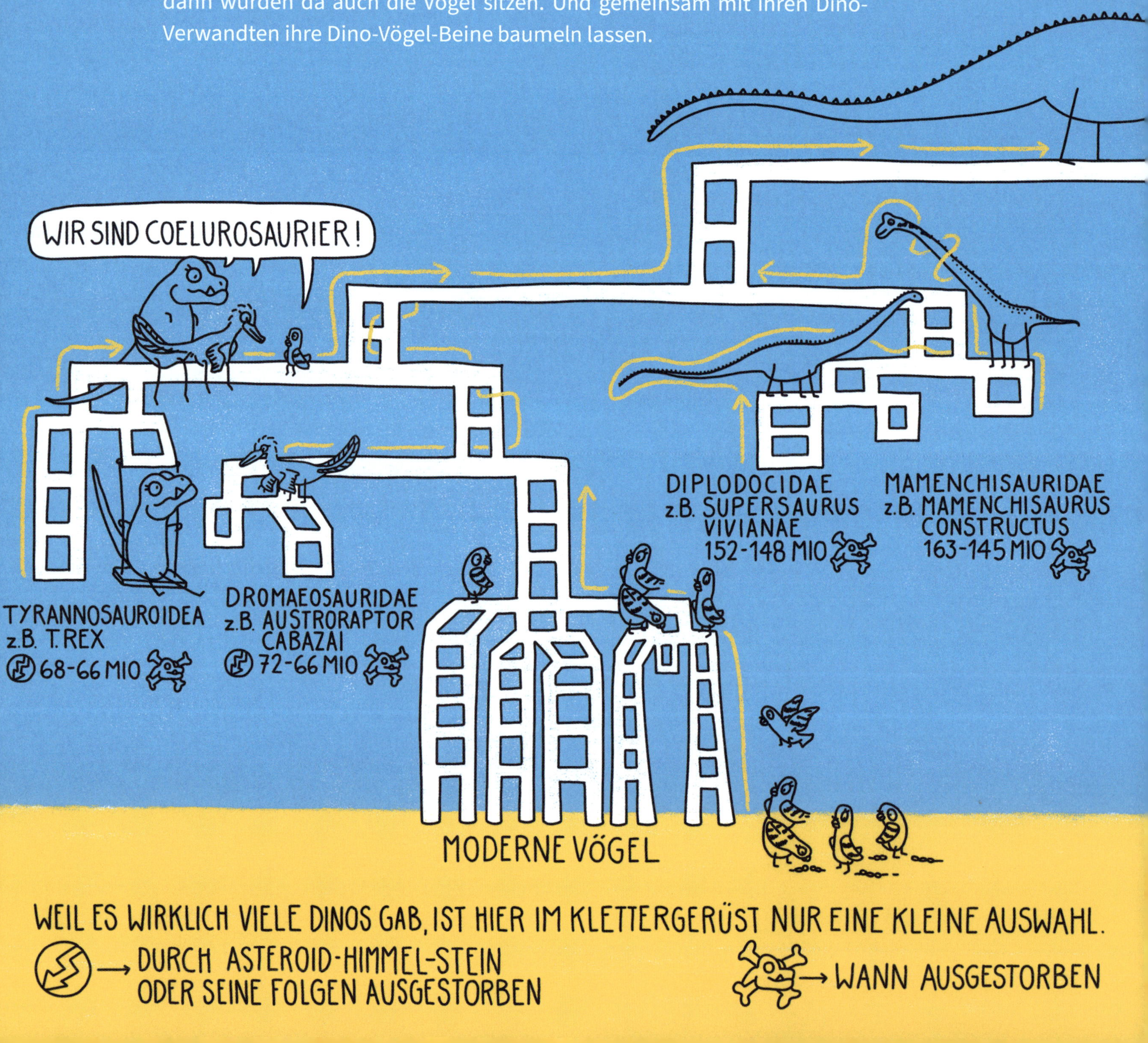

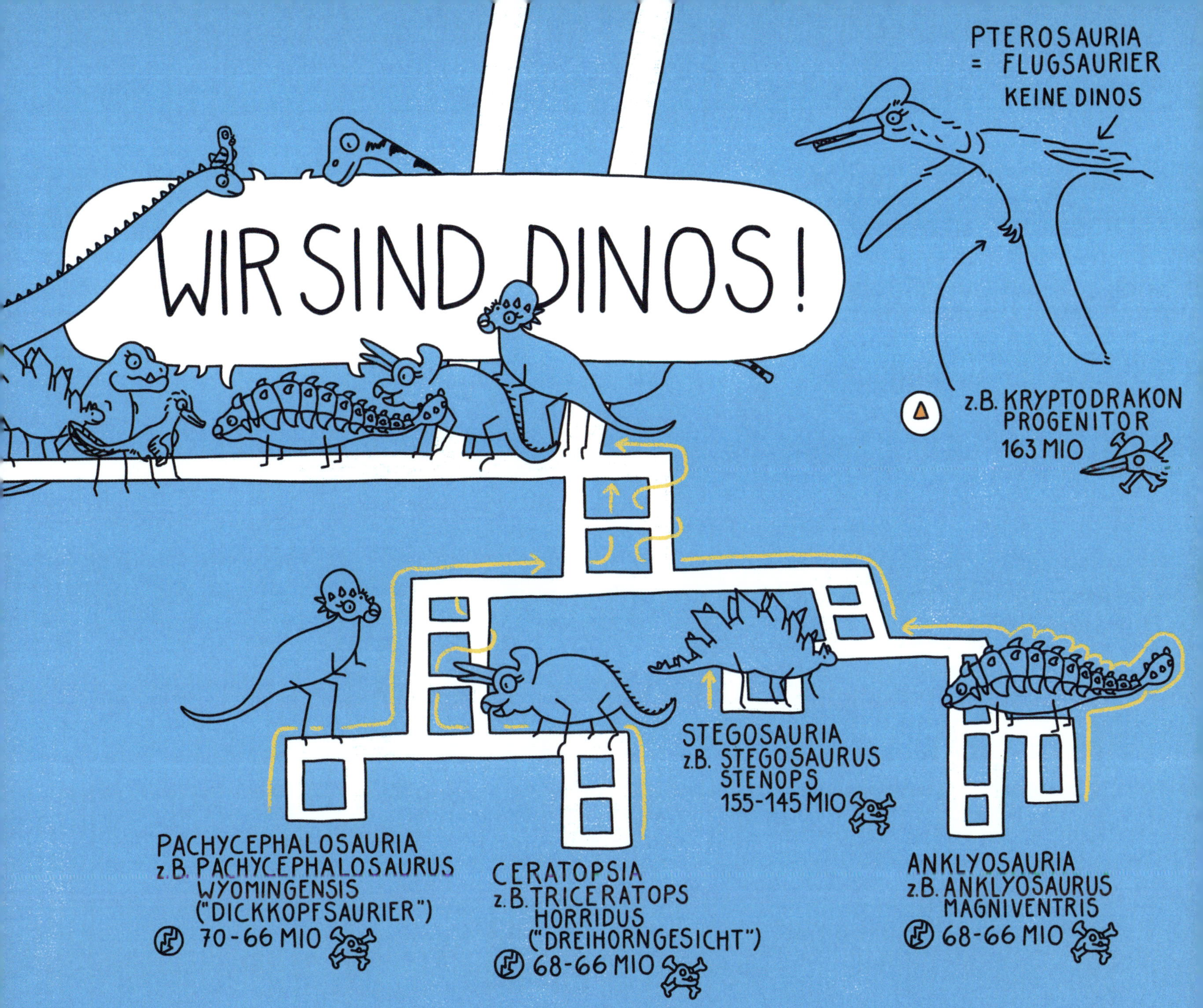

GENAUSO WIE KOBOLDMAKIS KEINE AFFEN SIND, SIND FLUGSAURIER (WIE ZUM BEISPIEL DER KRYPTODRAKON) KEINE DINOSAURIER! UM SIE ZU TREFFEN, MÜSSTEN UNSERE DINO-VÖGEL NOCH WEITER NACH OBEN KLETTERN ODER FLIEGEN.

Man könnte glauben, dass da neben den Vögeln die Flugsaurier sitzen. Weil die ja schließlich auch fliegen konnten. Aber die Flugsaurier sind eben keine Dinos und nicht die nächsten Verwandten der Vögel. Und sie sind auch alle ausgestorben. Nein, da oben auf dem Klettergerüst neben den Vögeln sitzen keine Flugsaurier. Sondern Coelurosaurier. Und hast Du gesehen, wer auch so ein Coelurosaurier war? Der T. rex! Ja! So ein Spatz, der ist enger mit dem T. rex verwandt als mit einem Flugsaurier. Und der T. rex? Der klettert im Klettergerüst eben nicht neben einem Krokodil. Oder einer Eidechse. Sondern neben …

… einem Huhn.

BIBIBIBER: Bitte was? Ich mein, wenn ich mir Affen so anschaue, dann sehen die den Menschen wenigstens ein bisschen ähnlich! Aber ein Huhn und T. rex? Vögel und Dinos? Vögel sehen doch wirklich überhaupt gar nicht aus wie Dinosaurier!

Na ja. Die Sache ist die: Über all die Eltern-der-Eltern-der-Eltern-Leiter-Stufen, über all die Plattformen im Klettergerüst, da können sich Lebewesen ziemlich stark verändern. Aber nur, weil Dinge von außen anders aussehen, heißt das nicht, dass innen drin nicht doch noch ähnliche Dinge stecken. Schokoladenkuchen zum Beispiel. In dem ist sehr viel Schokolade drin. Aber er sieht gar nicht mehr aus wie eine platte, eckige Schokoladentafel. Ein bisschen so ist das mit den Dinosauriern und den Vögeln auch.

BIBIBIBER: Aber so ein Schokoladenkuchen, dem sehe ich schon an, dass da Schokolade drin ist! Und bisher bin ich noch nie an einem Vogel vorbeigelaufen und habe gedacht: Oh! Hallo, Dinosaurier!

Ja, das stimmt. Aber das liegt daran, dass Du ganz genau weißt, wie Schokolade aussieht. Die meisten von uns wissen aber gar nicht ganz genau, wie Dinos aussahen. Weil das, was wir bisher aus Büchern und Filmen gelernt haben, oft falsch ist. Das liegt nicht daran, dass die Menschen, die uns die Geschichten erzählt haben, absichtlich gelogen haben. Sie wussten es nur nicht besser. Lange Zeit dachten wir wirklich: ALLE Dinos waren große grüne Grusel-Giganten oder krokodilartige Kreaturen. Inzwischen wissen wir aber: ALLE waren es eben nicht. EINIGE sahen so aus. Aber ANDERE sahen viel mehr aus wie … na ja. Wie Vögel eben! Sie hatten nämlich Federn. Und Farben. Und sogar der T. rex sah als Baby-T-rex vermutlich nicht aus wie ein schreckliches Baby-Ungeheuer. Sondern eher wie ein sehr großes, flauschiges braunes T-rex-Baby-Küken.

Jetzt, wo wir das wissen, sehen wir sie auf einmal: die große Ähnlichkeit zwischen Vögeln und Dinosauriern. Aber, wie schon gesagt, zwischen Vögeln ganz unten und der Dino-Klettergerüst-Plattform ganz oben, da hat sich auch einiges verändert.

BIBIBIBER: Aber warum verändern sich die meisten Lebewesen? So sehr, dass man sie manchmal gar nicht mehr erkennt und sie fast aussehen wie etwas ganz Neues? So, als würde sich eine Schokoladentafel nicht in einen Schokoladenkuchen verwandeln, sondern in eine Erdbeertorte!

Die Antwort auf diese Frage heißt: EVOLUTION. Und Evolution ist ein richtiges Wunder. Fast schon Zauberei! Keine Zauberei von einem verkleideten Menschen mit Zauberhut und Zauberstab. Keine Zauberei mit Zaubersprüchen, Tricks und Schummeln. Sondern eine richtige, echte, wundervolle Zauberei. Evolution steckt voller Überraschungen und Zufälle. Und sie verändert die Welt. Sie ist der Grund, weshalb Dinosaurier-Vögel heute so aussehen, wie sie aussehen. Und sie ist auch der Grund, weshalb ausgerechnet diese kleinen gefiederten Dinosaurier überlebt haben. Und eben nicht die stärksten.

Äh, nein. Das stimmt gar nicht. Stell Dir mal vor, es gäbe einen großen Wettkampf der Tiere. Ein Wettkampf um die Frage: WER IST DAS STÄRKSTE TIER VON ALLEN? Und im ersten Wettkampf würden zwei Tierarten gegeneinander antreten: eine Ameise und ein Elefant. Wie würde der Wettkampf ausgehen? Eine Ameise ist für ihre Körpergröße superstark!!! Sie kann Dinge tragen, die 100-mal schwerer sind als sie selbst. Und so ein Elefant, der ist auch ziemlich stark. Der kann mit seinem 6-Tonnen-Gewicht ganze Bäume umrammen. Das kann eine Ameise nicht. Aber die ist ja auch viel kleiner und wiegt nur wenige Milligramm. Ein Elefant ist so schwer wie 2 Milliarden Ameisen zusammen. Müsste im DAS-STÄRKSTE-TIER-VON-ALLEN-Wettkampf der Elefant jetzt so viel tragen, wie 2 Milliarden Ameisen tragen können, weil er ja so schwer ist wie 2 Milliarden Ameisen? Oder gilt: Wer das Schwerste trägt, hat gewonnen, weil nur das Trage-Ergebnis zählt? Beides ist möglich.

Es gibt also gar nicht EINE richtige Antwort auf die Frage, wie der WER-IST-DAS-STÄRKSTE-TIER-VON-ALLEN?-Wettkampf ausgeht. Sondern zwei. Einmal gewinnt die Ameise. Einmal der Elefant. Wenn also jemand fragt „Wer sind die Stärksten hier?“, ist die Antwort oft:

Na ja. Kommt drauf an.

Eine andere Frage im großen Wettkampf der Tiere könnte sein: WER IST DAS SCHNELLSTE TIER VON ALLEN?

Und wieder würden zwei Tiere gegeneinander antreten: ein Gepard und ein Pinguin. Oha, könnte man denken. Da gewinnt aber doch auf jeden Fall der Gepard. Der rennt mit 100 km/h über den Sahara-Boden und ist damit doppelt so schnell wie ein Auto in der Stadt!!! Der Pinguin, der ist eher langsam unterwegs. Und er sieht auch ziemlich witzig aus, wenn er, mit dem Popo hin und her wackelnd, über das Eis watschelt. Na, da ist es doch sehr einfach, zu sagen, wer hier schneller ist. Könnte man denken. Aber falsch gedacht! Denn das gilt ja nur an Land.

Was, wenn der WER-IST-DAS-SCHNELLSTE-TIER-VON-ALLEN?-Wettkampf im Wasser ausgefochten wird? Da sieht das nämlich auf einmal ganz anders aus! Der Gepard kann zwar schwimmen, aber im Wasser ist er gar nicht supergern. Und auch gar nicht superschnell. Der Pinguin aber schon. Dieser Witzig-Mit-Dem-Popo-Übers-Eis-Wackel-Watschler schießt im Wasser mit 35 km/h galant am Geparden vorbei.

START
START
START

Und wenn jetzt noch ein weiteres Tier dazukommt, dann wird der WER-IST-DAS-SCHNELLSTE-TIER-VON-ALLEN?-Wettkampf noch unentschiedener.

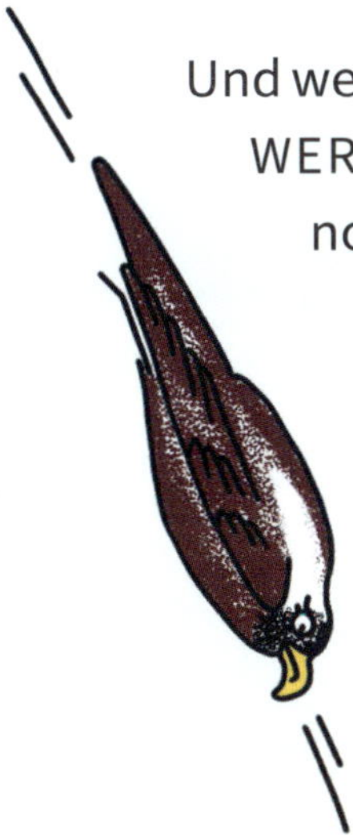

Sagen wir, der Wanderfalke möchte auch mitkämpfen. Der ist ein wirklich wahnsinnig spektakulärer Superschnellflieger!!! Mit 390 km/h stürzt er durch die Lüfte und ist damit sogar schneller als ein ICE-Zug. Wenn also jetzt der Gepard, der Pinguin und der Wanderfalke einen WER-IST-DAS-SCHNELLSTE-TIER-VON-ALLEN?-Wettkampf machen würden, aber eben nicht an Land und auch nicht im Wasser – sondern in der Luft. Na, dann würden der Gepard und der Pinguin aber ziemlich überrascht schauen. Denn die beiden können ja überhaupt gar nicht fliegen.

BIBIBIBER: Häh? Ich mein, ist ja klar, dass ein Gepard nicht fliegen kann, der ist ja kein Vogel. Aber warum kann ein Pinguin eigentlich nicht fliegen? Wo er doch ein Vogel ist – und sogar Flügel hat?

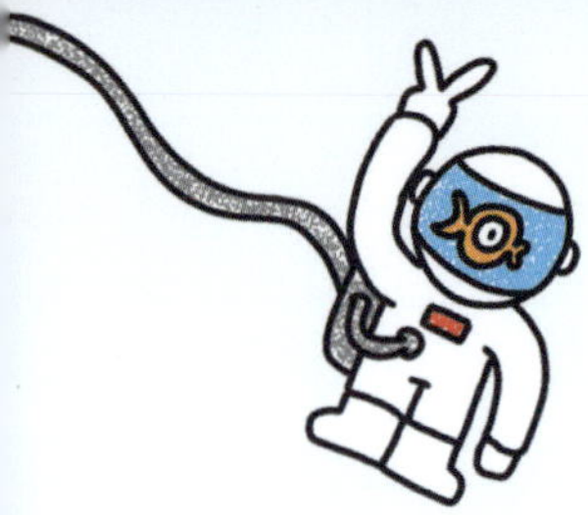

Na, ganz einfach: Weil er nicht fliegen muss! Im Pinguin-Leben ist schnell schwimmen können superwichtig. Aber fliegen können überhaupt gar nicht. Denn der Pinguin isst nun mal Fische – und die meisten von denen schwimmen bekanntlich durchs Wasser und nicht durch die Luft.

Oder denk mal an unsere Ameise. Selbst wenn sie einen ganzen Baum tragen könnte – was sollte die denn mit einem ganzen Baum machen? Der würde ja nicht mal durch die Tür von ihrem Ameisenhaufen-Zuhause passen. Für Tiere ist nur wichtig, das besonders gut zu können, was sie können müssen, um in ihrer Umwelt zu überleben. Und das sind für die unterschiedlichen Tiere nun mal sehr unterschiedliche Dinge. Also ist so ein großer Wettkampf der Tiere vor allem eins: QUATSCH MIT SOSSE! Für die Tiere, da sind die Natur und das Überleben schon Wettkampf genug. Und hier gewinnen eben nicht die STÄRKSTEN, sondern die, die sich am besten an ihre Umwelt ANGEPASST haben. Und genau deswegen machen das die meisten Tiere auch: Sie passen sich über sehr lange Zeit durch Evolutions-Zauberei an ihre Umwelt an.

BIBIBIBER: Aber wenn sich Tiere mit dieser Evolutions-Zauberei an ihre Umwelt anpassen können, warum haben sich die Dinos nicht einfach an die Erde nach der Riesen-Himmel-Stein-Katastrophe angepasst? Und kann ich mich mit ein bisschen Zauber-Evolution in einen Fliege-Biber mit Biber-Flügeln verwandeln?

Na ja. Die Sache mit der Zauber-Evolution ist die: Sie ist kein Wunschkonzert. Und: Planen können Tiere sie nicht. Du kannst Dir das in etwa so vorstellen:

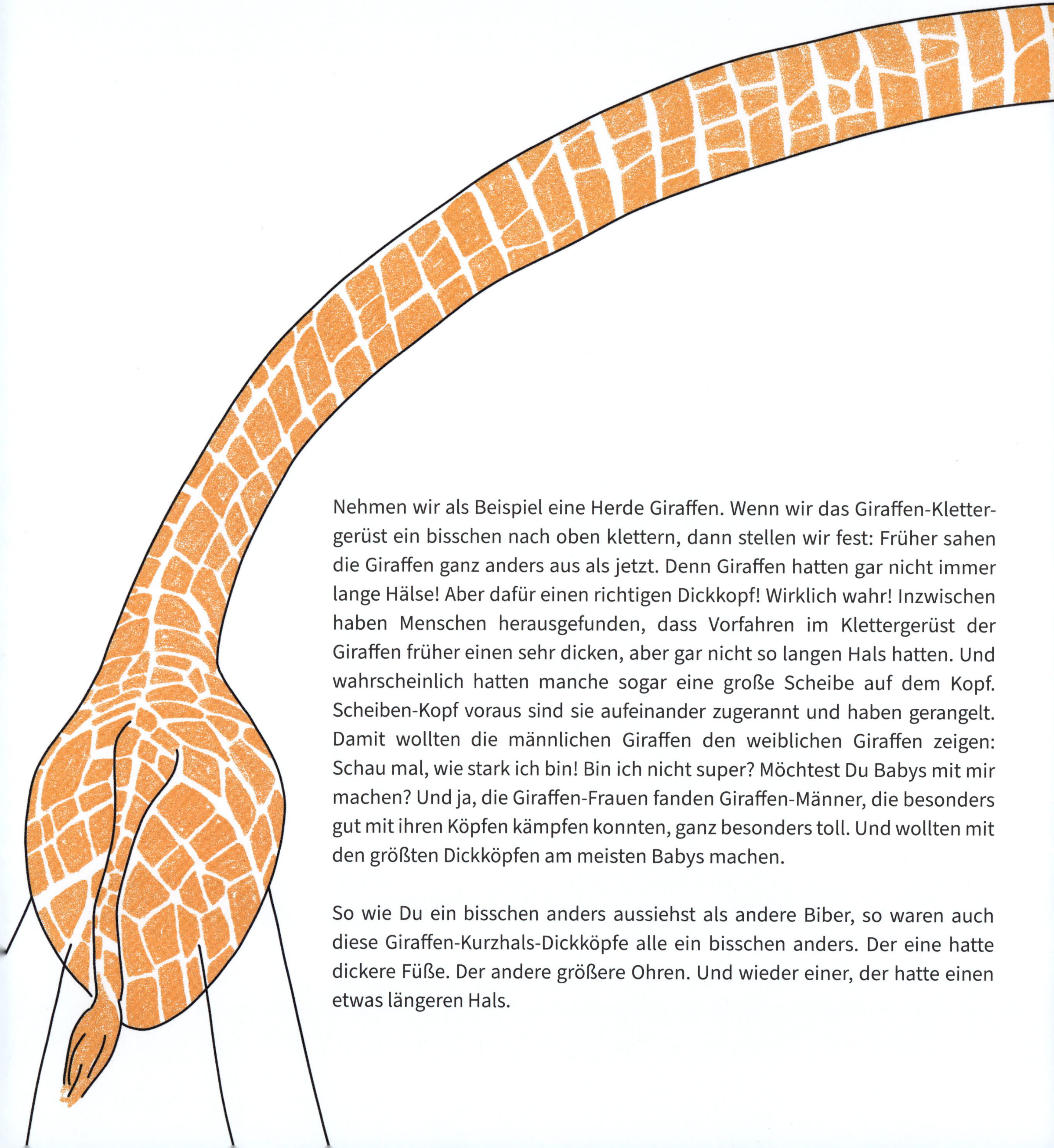

Nehmen wir als Beispiel eine Herde Giraffen. Wenn wir das Giraffen-Klettergerüst ein bisschen nach oben klettern, dann stellen wir fest: Früher sahen die Giraffen ganz anders aus als jetzt. Denn Giraffen hatten gar nicht immer lange Hälse! Aber dafür einen richtigen Dickkopf! Wirklich wahr! Inzwischen haben Menschen herausgefunden, dass Vorfahren im Klettergerüst der Giraffen früher einen sehr dicken, aber gar nicht so langen Hals hatten. Und wahrscheinlich hatten manche sogar eine große Scheibe auf dem Kopf. Scheiben-Kopf voraus sind sie aufeinander zugerannt und haben gerangelt. Damit wollten die männlichen Giraffen den weiblichen Giraffen zeigen: Schau mal, wie stark ich bin! Bin ich nicht super? Möchtest Du Babys mit mir machen? Und ja, die Giraffen-Frauen fanden Giraffen-Männer, die besonders gut mit ihren Köpfen kämpfen konnten, ganz besonders toll. Und wollten mit den größten Dickköpfen am meisten Babys machen.

So wie Du ein bisschen anders aussiehst als andere Biber, so waren auch diese Giraffen-Kurzhals-Dickköpfe alle ein bisschen anders. Der eine hatte dickere Füße. Der andere größere Ohren. Und wieder einer, der hatte einen etwas längeren Hals.

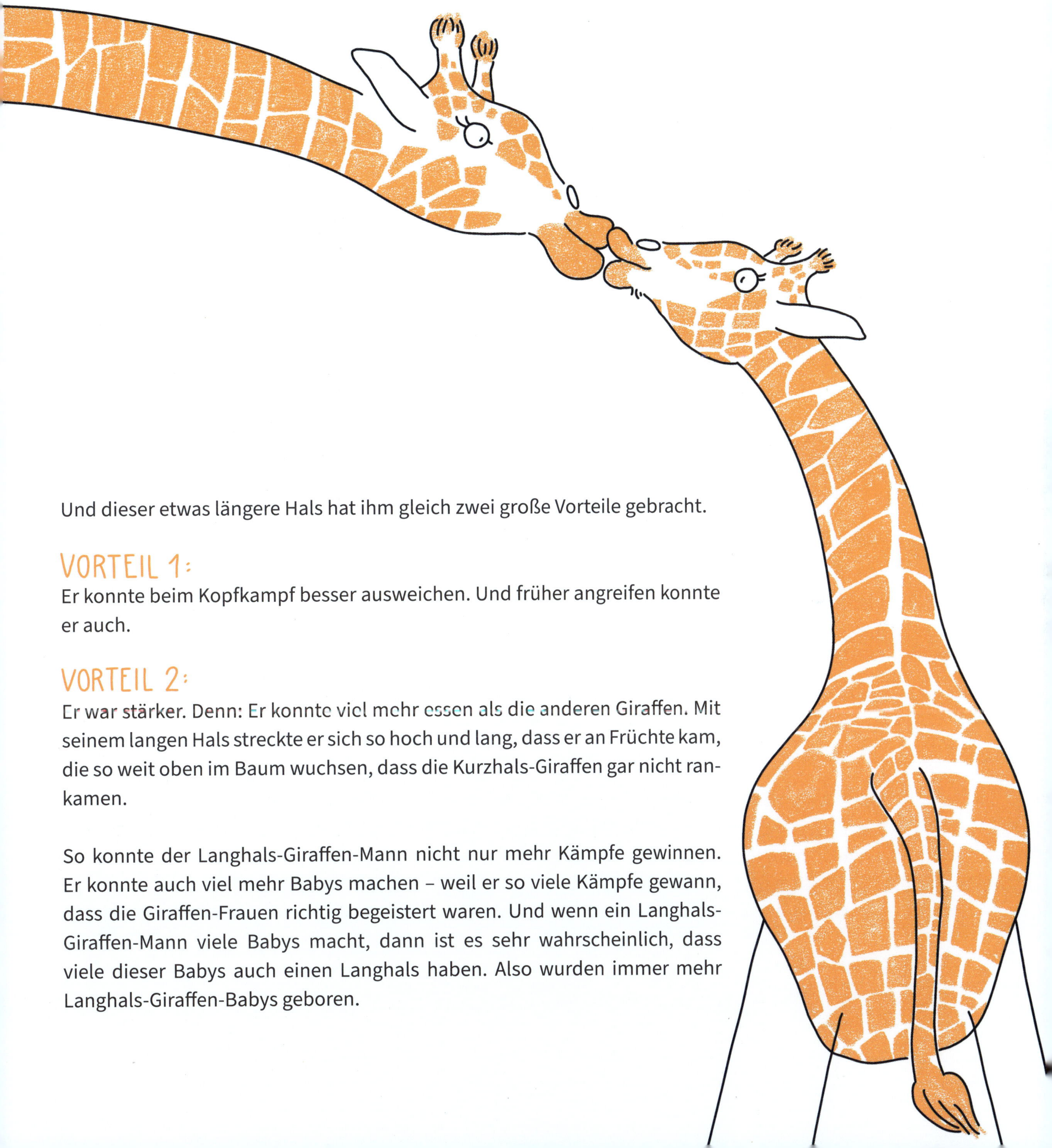

Und dieser etwas längere Hals hat ihm gleich zwei große Vorteile gebracht.

VORTEIL 1:

Er konnte beim Kopfkampf besser ausweichen. Und früher angreifen konnte er auch.

VORTEIL 2:

Er war stärker. Denn: Er konnte viel mehr essen als die anderen Giraffen. Mit seinem langen Hals streckte er sich so hoch und lang, dass er an Früchte kam, die so weit oben im Baum wuchsen, dass die Kurzhals-Giraffen gar nicht rankamen.

So konnte der Langhals-Giraffen-Mann nicht nur mehr Kämpfe gewinnen. Er konnte auch viel mehr Babys machen – weil er so viele Kämpfe gewann, dass die Giraffen-Frauen richtig begeistert waren. Und wenn ein Langhals-Giraffen-Mann viele Babys macht, dann ist es sehr wahrscheinlich, dass viele dieser Babys auch einen Langhals haben. Also wurden immer mehr Langhals-Giraffen-Babys geboren.

Aber auch die Langhals-Giraffen-Babys sahen natürlich alle ein bisschen anders aus. Und so waren wieder welche dabei, die hatten einen noch etwas längeren Giraffen-Langhals als die anderen Langhals-Giraffen-Babys. Und als die Noch-Etwas-Längeren-Langhals-Giraffen-Babys erwachsen wurden, hatten die wieder mehr Vorteile und konnten wieder mehr Babys machen. So ging das immer weiter. Und irgendwann waren nur noch Giraffen mit sooooooooooooooooooooo ooooooooooooooo langen Hälsen übrig wie heute.

Es war also nicht so, dass sich die Dickkopf-Giraffen bei der Evolutions-Zauberei einen Langhals bestellt haben, weil sie den schick fanden. Der lange Hals war eher Zufall. Und hat sich dann durchgesetzt, weil er sooooooo gut für Giraffen war. Die Evolutions-Zauberei ist also eher ein Zufalls-Zauber. Und es steckt nicht nur sehr viel Zufall in der Zauber-Evolution. Sondern auch sehr viel Zeit. Denn es ist nicht so, dass der Hals erst so lang ist und dann – Hokuspokus-Evolutions-Zauberei-Langer-Hals-Komm-Herbei – auf der nächsten Verwandtschafts-Klettergerüst-Stufe direkt soooooooooooooooooooooooooo lang.

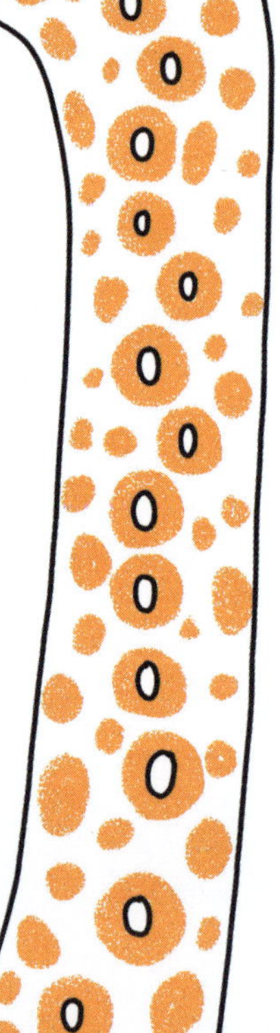

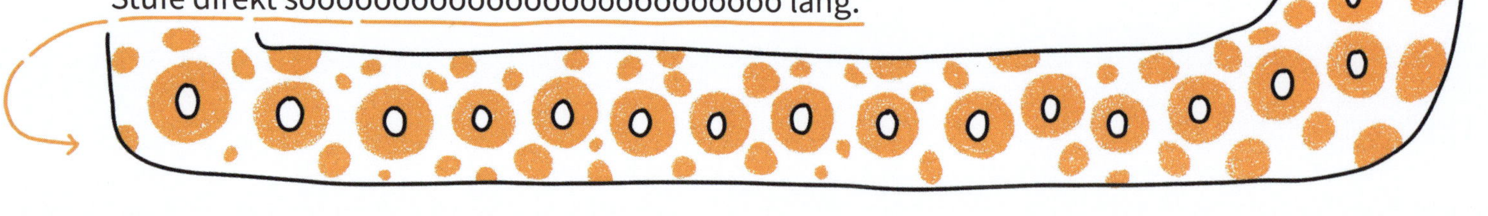

Es ist noch nicht einmal so, dass mit jeder Stufe ein einzelnes ganzes o dazukommt. Nein. Die Veränderungen von Stufe zu Stufe sind so minimiminimiminiminiklein, dass wir sie gar nicht richtig sehen können. Und so kommt vielmehr – Ene-Mene-Eins-Zwei-Drei-Evolutions-Magie-Und-Zauberei – mit jeder Stufe ein klitzekleines Stückchen eines o herbei.

BIBIBIBER: Oh! Äh, ich meine: OOOOOOOOOOOOOOOOOOOH! Und die Dinos, äh, Dinooooooooooooooooos, hatten die auch diese Zauber-Zufalls-Zauberei, die sie über den langen Zauber-Zufalls-Zeitraum verzaubert hat?

Genau. Bei den Dinosauriern war das auch so. Denn die Dinos hatten – wie wir vom Zollstock der Erde wissen – ja auch jede Menge Zeit für jede Menge Evolutions-Zauberei. Und so gab es sehr, sehr viele sehr, sehr unterschiedliche Dinosaurier, die sich super an ihre Umwelt angepasst hatten. Komm, wir zeigen Dir ein paar …

STEGOSAURUS
BIS ZU 9 METER LANG, GRASTE AM BODEN UND SCHLUCKTE NEBEN PFLANZEN WOHL AUCH STEINE, DIE IM MAGEN DIE NAHRUNG ZERKLEINERTEN.
17-22 KNOCHENPLATTEN
WAFFE
SCHWANZ-STACHELN 60-90 cm
KOPF GING DABEI TIEF
SCHWANZ HOCH
PSITTACOSAURUS
VON IHM WISSEN WIR AM BESTEN VON ALLEN DINOS, WIE ER AUSSAH.
⊗ FEDERN
⊗ WOZU, WISSEN WIR NICHT 100%.
VIELLEICHT, UM GRÖSSER ZU WIRKEN ODER UM WEIBCHEN ZU BEEINDRUCKEN (WIE DER PFAU)
ÜBER 35 METER LANG WIRD DER ARGENTINOSAURIER GESCHÄTZT. DAS MACHT IHN ZU EINEM DER GRÖSSTEN LANDLEBEWESEN ALLER ZEITEN.
ARGENTINOSAURUS
MAMENCHISAURUS
BESTAND ZUR HÄLFTE AUS HALS
MIT BIS ZU 19 HALSWIRBELN
SEHR(!) KLEINER KOPF, SEEEEEEHR(!!!) LANGER HALS (KNAPP 6 METER)
DAS IST SO, ALS OB WIR MENSCHEN EINEN 3-METER-HALS HÄTTEN.
THERIZINOSAURUS
HATTE FEDERN
ARME WOHL BIS ZU 2,5 METER LANG
KRALLEN 90-100 CM LANG
KÖNNTE BIS ZU 26 METER LANG GEWESEN SEIN
WAR VERMUTLICH EIN GEMÜTLICHER PFLANZENFRESSER
DIE LANGEN KRALLEN-ARME KÖNNTEN DABEI GEHOLFEN HABEN, PFLANZEN ZU PFLÜCKEN UND SICH AN BÄUMEN FESTZUHALTEN.

Doch dann kam der Riesen-Himmel-Stein. Und die Umwelt, an die die Dinos sich über eine so lange Zeit angepasst hatten, gab es nicht mehr. Das ging so schnell, dass für neues Anpassen einfach nicht genug Zeit war. Und so brachte den meisten Dinosauriern das, was sie besonders gut konnten, plötzlich einfach gar nichts mehr.

BIBIBIBER: Aber diese Gruppe der Coelurosaurier, die überlebt haben – die haben es ja in der Plötzlich-Ist-Alles-Anders-Welt geschafft! Was konnten die, was die anderen nicht konnten?

Ganz ehrlich? So ganz arg sicher wissen wir das nicht. Aber wir können es vermuten. Sehr wahrscheinlich hat es ihnen geholfen, dass sie eben nicht die Größten waren. Denn wer sehr groß ist, der muss sehr viel essen. Wahrscheinlich haben sie auch unterschiedliche Sachen gegessen. Das ist super! Denn wenn ich nur eine Sache esse, und dann gibt es die plötzlich nicht mehr, habe ich – AUAZACKBUMM! – ziemlich großen Hunger. Wenn ich aber viele unterschiedliche Sachen essen kann, dann ist es nicht so schlimm, wenn mal ein Riesen-Stein aus dem Himmel stürzt und es dann eine der vielen Sachen, die ich esse, nicht mehr gibt. Außerdem konnten ihre Federn sie wohl gut vor der Kälte schützen.

Aber die kleine Gruppe von Coelurosauriern hatte vor allem eine Sache, die ihnen beim Überleben geholfen hat. Und das wissen wir ziemlich sicher:

Sie hatten Glück. Denn alles, was und wie sie ganz zufällig durch die Zufalls-Zauber-Evolution waren, machte sie ganz zufällig zu ganz besonders guten HIMMEL-STEIN-KATASTROPHEN-Überlebenden. Es war ja nicht so, dass sie sich irgendwie auf die Katastrophe vorbereitet hätten. Sie lebten einfach ihr Leben, machten ihr Dino-Ding. Und plötzlich – AUAZACKBUMM! – waren sie die Einzigen, die ihr Dino-Ding weitermachen konnten. Und irgendwie war ihr Glück auch das Glück aller Dinosaurier. Denn selbst die schlausten Dinos dieser Erde hätten wohl nicht ahnen können, dass ausgerechnet die Coelurosaurier die Dinosaurier vorm Aussterben retten würden. Was für ein Glück, dass die Dinosaurier alle so unterschiedlich waren. So hatten sie eine viel größere Chance, zu überleben.

COELUROSAURIER ÜBERLEBENS-TRICK

BIBIBIBER: Aber wie jetzt? Warum war ihre Chance größer, weil sie unterschiedlich waren?

Na, stell Dir vor, Du musst allein zu einem großen Wettkampf. Aber Du weißt vorher gar nicht genau, um was es bei diesem großen Wettkampf geht. Musst Du besonders weit springen? Oder besonders lang tauchen? Musst Du sehr flink rennen? Oder sehr hoch klettern? Vielleicht musst Du sehr schnell Rollstuhl fahren können – oder sehr schnell rechnen? Oder sehr schnell Rollstuhl fahrend sehr schnell rechnen. Vielleicht musst Du sehr tief singen? Oder eine Geschichte erzählen? Vielleicht musst Du besonders leise sein – oder aber besonders laut. Vielleicht gewinnen die lockigsten Locken? Die krummsten Knie? Die längste Nase? Oder der dickste Po? Du weißt es vorher einfach nicht. Und Du bist ja nur Du. Und kannst nicht alles gleichzeitig sein. Also wären Deine Chancen, zu gewinnen, nicht sehr hoch.

Und jetzt stell Dir vor, Du musst da nicht alleine hin. Wenn Du eine ganze Wettkampf-Bande dabeihast und alle in Deiner Wettkampf-Bande auch noch sehr, sehr unterschiedlich sind und sehr, sehr unterschiedliche Dinge gut können. Na, dann sind Eure Gewinnchancen schon sehr viel höher. Und genau so war es bei den Dinos auch. Weil ihre Dino-Bande so unterschiedlich war, haben sie den RIESEN-HIMMEL-STEIN-WETTKAMPF gewonnen. Wären alle Dinos exakt gleich gewesen, dann hätten die Dinos nicht überlebt. Hätte es nur T-rex-Dinos gegeben, dann wären heute wirklich alle Dinos tot.

Aber sie leben. Und wie sie leben! Sie leben an Land und in den Ozeanen. Sie leben im Eis. Und in der Luft. Manche können Monate pausenlos durch die Winde gleiten. Andere rennen im Zickzack übers Feld, dass die Federn nur so fliegen. Sie sind faszinierend vielfältig. Sie sind beeindruckend schlau. Und sie sind so, so, so bunt. Aber sieh selbst …

Vögel sind nicht nur superbunt, sie können auch Farben sehen, die wir Menschen uns gar nicht vorstellen können.

Kolibris können auf der Stelle schweben, rückwärts und seitwärts und sogar kopfüber fliegen! Wir gehen davon aus, dass Hühner träumen können! Und …

RABEN,

die sind wirklich superschlau. Sie können nicht nur Werkzeuge bauen. Oder Rätsel lösen, sich an Momente und Gesichter erinnern. Sie sind auch richtig geduldig. Und denken an die Zukunft. Lange Zeit dachte man, dass das nur Menschen und Menschenaffen können: geduldig an die Zukunft denken. Aber wenn Du Raben vor die Wahl stellst: Lieber jetzt sofort etwas Nicht-So-Gutes ODER später etwas Richtig-Super-Gutes essen? Dann verzichten sie lieber erst mal. Um es später besser zu haben.

ABER ACHTUNG!

Denn selbst unsere supervielfältigen Anpassungsvögel sind manchmal bedroht. Es gibt Momente, da ändert sich sogar für sie alles ein bisschen zu schnell. Ein ziemlich gutes Beispiel hierfür ist ein ziemlich witziger Vogel. Er wohnt auf einer Insel und heißt wie ein Obst:

DER KIWI

Der Kiwi, der ist ein wirklich knuffiges Wesen. Seine Federn sehen eher aus wie sehr zotteliges Fell. Um seinen langen Schnabel verwirren sich Schnauzhaare, fast wie bei einer Katze. Und wenn er so über den Boden hoppelt, könnte man fast meinen, dass er bald umkippt – so taumelig wirkt sein Gang. Fliegen kann er nicht. Dafür quietscht er wie ein Schwein. Außerdem wühlt er mit seinem langen Schnabel in der Erde nach Würmern, wobei ihm immer wieder etwas Erde in den Schnabel-Nasen-Löchern stecken bleibt und er ganz fürchterlich laut niesen muss.

Aber gerade, weil der Kiwi irgendwie so fürchterlich unbeholfen wirkt, hat man ihn sehr schnell fürchterlich lieb. Und so unbeholfen kann er ja auch gar nicht sein, denn er war für sehr, sehr lange Zeit sehr, sehr glücklich in seinem Inselland: Neuseeland. Hier hatte er ein gutes Leben, viele Würmer zum Fressen – und keine Feinde. Also hoppelte er etwas taumelnd, laut quietschend und ziemlich zufrieden über seine Insel und hätte wohl auch noch ewig weiter so vor sich hin niesen können, hätte sich nicht eines Tages sein Leben plötzlich für immer verändert.

Denn für den Kiwi kamen völlig überraschend weiße Menschen auf großen Schiffen. Und sie kamen nicht allein. Sie hatten ihre Haustiere dabei. Für viele Menschen sind es schnurrende Lieblingstiere, für Kiwis waren es fauchende Monster. Denn Katzen fressen Kiwis. Und auf einmal hatte der knuffige Kiwi-Vogel Feinde auf seiner Insel. Das ging so schnell und plötzlich, dass der Kiwi überhaupt gar keine Zeit hatte für Zauber-Evolution. Der Kiwi hatte sich perfekt an seine Insel-Umwelt angepasst, aber auf Jäger-Katzen, da war er einfach nicht vorbereitet. Im Gegenteil sogar. Denn alles, was und wie der Kiwi war, machte ihn zu einer besonders guten Katzen-Beute:

Erstens konnte er nicht einfach wegfliegen. Zweitens war sein Quietschen so laut, dass er sich gar nicht gut vor den Katzen verstecken konnte. Weil die ihn sehr gut hören konnten. Drittens: Und wenn ihn sein Quietschen nicht verriet, dann das laute Niesen.

So starben innerhalb kürzester Zeit die Kiwis beinahe aus. Was für eine große KATZEN-KATASTROPHE!

BIBIBIBER: Okay, also lernen wir aus der Kiwi-Geschichte: Wenn Du auf eine Insel reist, nimm nie Deine Katze mit und vergiss sie dann da?

Ja, vielleicht das auch. Aber wir können noch sehr viel mehr lernen. Vor allem wir Menschen. Denn der Mensch ist ein wirklich sehr beeindruckendes und besonderes Tier. Damit die Katze zum Kiwi kommen konnte, musste ja erst mal ein kleines Wunder passieren:

Dieses besondere Menschen-Tier musste irgendwie über den Ozean. Kein Pinguin. Kein Fisch. Ein Mensch! So ganz ohne Flossen. Und ganz ohne Kiemen. Ganz und gar nicht dafür gebaut, unglaublich weite Strecken durch riesige Wellen und tobende Meere zu schwimmen. Oder wie ein Vogel einfach drüberzufliegen.

Mit unseren Menschenkörpern allein hätten wir das nicht geschafft. Aber der Mensch hatte eine Idee: Aus Holz baute er eine sehr große Schale mit langen Stoff-Segel-Stäben obendrauf. „Schiff“ hat er seine Holzschale genannt. Und dann? Dann ist dieses flossenlose Menschen-Tier auf seiner Schiff-Holzschale mit seinen Katzen-Haustieren über tobende Meere gereist. Das ist doch wirklich faszinierend!

BIBIBIBER: Hättet Ihr mich mal gefragt, dann hätte ich Euch beim Holz-Schalen-Schiff-Bauen helfen können. Denn das klingt ja wirklich nach einem faszinierenden Bauprojekt! Was macht Ihr denn sonst noch so Faszinierendes, Ihr Menschen-Tiere?

Wir tanzen und singen. Wir spielen und erzählen uns erfundene Geschichten. Im Winter lassen wir uns von Maschinen auf die Spitze schneebedeckter Berge ziehen. Und fahren sie danach superschnell auf Brettern wieder runter. Wir tauchen in den tiefsten Tiefen der Ozeane. Und wenn wir noch tiefer tauchen wollen, bauen wir Boote, die uns in die Unterwasser Unterwelt begleiten. Wir machen Bilder von uns selbst. Rennen, gegen einen Ball tretend, über Felder, klettern auf Bäume, strecken unsere Nasenspitze in die Sonne und springen mit Anlauf in Regenpfützen. Wir malen unsere Gesichter an. Einfach, weil wir es schön finden. Schauen nachts in den Himmel. Und dann? Dann wünschen wir uns was, wenn Sternschnuppen durch das fast schwarze Blau fliegen. Wir lieben andere Menschen. Und auch Pflanzen und Tiere. Und wir sind richtig glücklich, wenn wir mit ihnen gemeinsam glücklich sind.

Aber wir Menschen sind nicht nur sehr gerne sehr glücklich. Wir sind auch ziemlich neugierig. Und stur. Und mutig. Wir bauen Raketen und fliegen mit ihnen zum Mond. Einfach, weil wir wissen wollen, wie es da so aussieht. Und wir erfinden Kameras, die so klein sind, dass wir mit ihnen in unseren Körper reinschauen können. Wir haben Pillen erfunden, die uns gesund machen. Und Antennen, die uns verbinden. Wir haben Maschinen gebaut, die auf Straßen fahren. Und andere, die über Gleise gleiten. Wir lernen Sprachen. Bauen Instrumente. Blasen Dino-Luftballons auf. Schenken uns in Papier eingewickelte T-rex-Spielfiguren und feiern, dass wir geboren sind.

Ja, wir Menschen, wir machen wirklich faszinierende Dinge. Erfinden erstaunliche Sachen. Und erleben mutige Abenteuer. Und wenn irgendetwas nicht sofort klappt, versuchen wir es immer und immer wieder, bis wir es geschafft haben. Wenn wir Menschen aus Kopf-Ideen Wirklichkeit machen, dann verzaubern wir nicht nur uns selbst. Wir verzaubern die ganze Welt. Das macht uns zu einzigartigen Tieren. Denn wir Menschen, wir warten nicht, dass die Zufalls-Zauber-Evolution uns ganz langsam an die Umwelt anpasst. Wir passen die Umwelt an uns an. Wir Menschen, wir brauchen keine Zufalls-Zauber-Evolution! Wir haben unsere Menschen-Magie.

BIBIBIBER: WOW! Also während ich lange auf meine Biber-Flügel warten kann, könnt Ihr Euch mit Eurer Menschen-Magie in alles verzaubern? Auch in Fliege-Menschen mit Menschen-Flügeln?

Ein bisschen schon. Wir zaubern uns keine Flügel, aber wir zaubern Fallschirme, Gleitschirme, Heißluftballone, Zeppeline, Helikopter, Raumschiffe, Raketen und Flugzeuge. Und so sind wir zwar keine Flügel-Menschen. Aber Fliege-Menschen schon irgendwie.

Oder schau Dir mal Menschenhaut an. So ganz nackt. Da ist kein Fell und keine Federdaunen. Wenn Menschen sich so ganz nackig und federfelllos in den Regen stellen – oder in den Schnee –, dann ist das vielleicht für kurze Zeit witzig. So richtig lange leben könnten die federfelllosen Nackt-Menschen im Schnee aber nicht. Und auch sonst überall, wo es mal etwas kälter ist, könnten die federfelllosen Nackt-Menschen nicht auf Dauer bleiben.

Andere Lebewesen würden jetzt sagen: Na gut, dann ist es halt so. Wir leben da, wo es warm ist. Und wer weiß? Vielleicht kommt ja irgendwann die Zufalls-Zauber-Evolution und macht, dass sich das ändert. Andere Lebewesen würden das jetzt sagen. Aber nicht wir Menschen. Wir Menschen haben unsere Menschen-Magie. Wir erfinden Anziehsachen. Und auf einmal, ganz ohne Zufalls-Zauber-Evolution, ist der eigentlich federfelllose Nackt-Mensch nicht mehr nackt. Und kann sogar in Schnee und Eis leben.

Oder schau mal, was Menschen essen. Pinguine müssen im Wasser Fischen hinterherschwimmen, um sie zu jagen. Der Wanderfalke schießt schnell wie ein Zug durch die Luft, damit er sein Fressen fangen kann. Und Giraffen müssen ihre Früchte von hohen Bäumen pflücken. Deswegen können Giraffen nur da leben, wo es Früchte-Bäume gibt, Pinguine brauchen Wasser-Fische in ihrer Nähe, und so ganz ohne Fleisch, da verhungert der Wanderfalke.

Sehr, sehr lange Zeit lebten wir Menschen auch so. Wir pflückten Früchte, sammelten Gemüse und muss-ten Tieren hinterherjagen. Das war sehr viel Arbeit. So viel, dass uns kaum noch Zeit für andere Dinge blieb. Doch dann hatten wir Menschen eine Idee.

Wir haben die Gemüse- und Fruchtsamen genommen und sie in die Erde gesteckt. Wir haben sie gegossen und gepflegt. Und haben gelernt, unser Gemüse und unser Obst selbst anzubauen. So mussten wir nicht mehr dahin gehen, wo die Früchte wuchsen. Mussten nicht mehr zum Gemüse wandern. Wir haben sie einfach zu uns geholt. Und mit den Tieren haben wir das Gleiche gemacht. Also nicht ganz. Wir haben sie nicht in die Erde gesteckt und gegossen. Aber wir haben sie zu uns geholt. Wir haben sie gefangen und gelernt, sie zu pflegen und zu züchten. So mussten wir ihnen nicht mehr die ganze Zeit hinterherrennen.

BIBIBIBER: Oh! Wie wunderbar Eure Menschen-Magie doch ist!

Ja. Die Menschen-Magie scheint grenzenlos. Und sie ist auch sehr viel schneller als die Evolutions-Zauberei. Aber Du musst wissen: Dinge sind nicht nur gut. Oder nur schlecht. Oft sind Dinge beides. Gleichzeitig. Und die Dinge, die wir Menschen mit unserer Menschen-Magie zaubern, sind oft voll mit dieser Gut-Schlecht-Gleichzeitigkeit.

Kaugummis zum Beispiel. Mit denen kann man richtig gute Blasen machen im Mund. Aber wenn Kaugummis nicht mehr im Mund, sondern im Haar sind, dann sind sie gar nicht mehr so gut. Oder unsere Flugzeuge. Eigentlich ja voll die Wundermaschinen, mit denen wir federnackten, flügellosen Menschen fliegen können. Wie Vögel!!! Das ist wirklich supergut. Aber leider machen unsere Flugzeuge noch mehr als nur fliegen. Sie pupsen! Jetzt nicht so, wie wir Menschen pupsen. Oder Ihr Biber ja auch. So ein kleiner Menschen-Biber-Pups, der ist ja wirklich absolut gar nicht schlimm. Nein. Unsere Pupsmaschinen, die pupsen ziemlich viel. Und sie pupsen auch zwei Arten Pups:

1. den Pupsmaschinen-Sichtbar-Stinke-Pups, der stinkt und uns krank macht.
2. den Pupsmaschinen-Unsichtbar-Nicht-Stinke-Pups, der unser Klima kaputt macht.

Und unsere Flugzeuge sind leider nicht die einzigen Pupsmaschinen. Auch unsere Autos, unsere Fabriken und unsere Heizungen sind alle große Pupsmaschinen. Und unsere Pupsmaschinen sind so viele und pupsen so doll, dass inzwischen eine riesige Pupsmaschinen-Unsichtbar-Nicht-Stinke-Pups-Wolke über der Erde liegt.

Erinnerst Du Dich noch an die Staubwolke, durch die unsere Erde in Finsternis versank? Durch die das Klima sich änderte und es so bitterlich kalt wurde? Ein bisschen so ist das mit unserer Pupsmaschinen-Pups-Wolke auch. Nur, dass es dieses Mal nicht immer kälter wird, sondern immer wärmer und wärmer. Gletscher schmelzen. Das Wasser in den Meeren steigt, es kommt zu trockenen Dürren und heftigen Wirbelstürmen.

Weißt Du noch, wie nach der Riesen-Himmel-Stein-Katastrophe die Erde zu einem lebensfeindlichen Ort wurde? Durch die Pupsmaschinen-Pups-Wolken-Klima-Veränderung ist das jetzt wieder so. Für sehr viele Pflanzen, Tiere und auch Menschen. Für sie ist ihr Zuhause zu einem Ort geworden, an dem sie nur schwer oder gar nicht mehr überleben können. Die Klima-Veränderung ist also eine ziemliche Klima-Katastrophe.

Und unsere eigentlich ziemlich tollen Wundermaschinen sind zwar ziemlich toll, aber eben gleichzeitig auch ziemlich KACKE! Denn diese Pupsmaschinen verursachen eine richtige

KLIMA-KACKA-STROPHE!

BIBIBIBER: OH NEIN! Aber könnt Ihr nicht einfach ein bisschen weniger mit Eurer Menschen-Magie zaubern?

Weniger ist so eine Sache für uns Menschen. Denn uns Menschen, uns unterscheidet nicht nur unsere Menschen-Magie von allen anderen Lebewesen dieser Erde. Da ist noch etwas. Der Kiwi frisst nur so viele Würmer, wie er eben muss, zum Überleben. Und der Pinguin fängt nur so viele Fische, wie er für sich und seine Kinder zum Überleben braucht. Aber uns Menschen, uns reicht das nicht. Denn wir Menschen, wir wollen nicht nur ÜBER-leben. Wir wollen SCHÖN-leben. Und wenn wir SCHÖN-leben, dann wollen wir NOCH-SCHÖNER-leben.

UND DANN WOLLEN WIR IMMER UND IMMER MEHR.

Wenn wir ein Gemüse besonders gerne essen, dann vernichten wir ganze Landschaften, nur um noch mehr von diesem einen Gemüse zu haben. Und dann? Dann wollen wir noch mehr von diesem einen Gemüse und bespritzen es mit Gift, damit es schneller wächst. Gift, das für uns ungiftig ist. Aber nicht für Libellen, Bienen und sogar einige Dino-Vögel. Wir könnten auch anderes Gemüse essen. Wir brauchen dieses eine Gemüse gar nicht so oft, um zu überleben. Wir müssten das alles nicht machen. Aber wir Menschen sind gierige Tiere. Und das ist leider nicht nur bei unserem Lieblingsgemüse so.

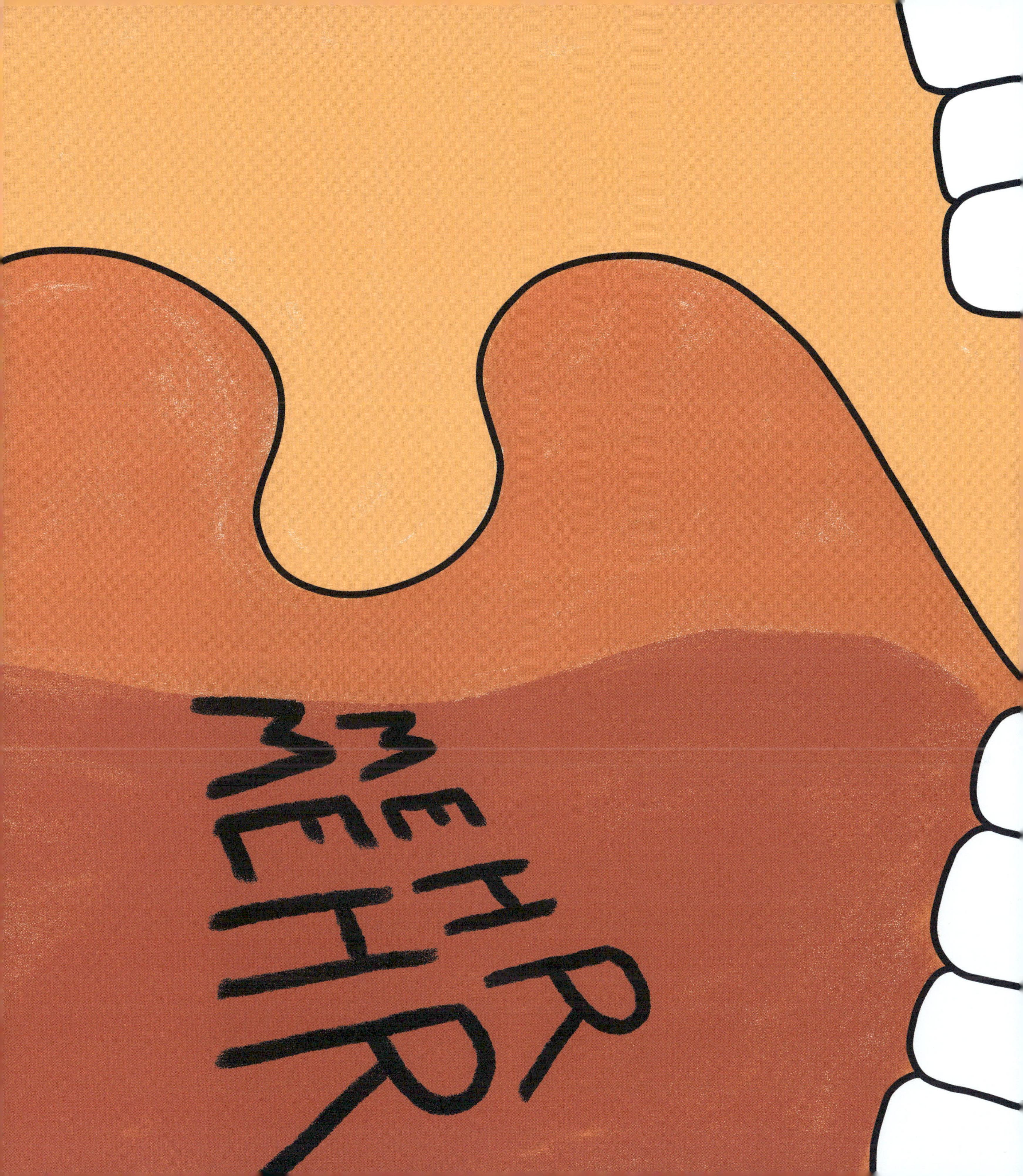
MEHR
MEHR

Wir sind gierig nach Fleisch. Nach Fisch. Und nach immer mehr Pupsmaschinen. Wir machen immer mehr Natur kaputt. Und wir machen immer mehr Müll. Schon immer haben wir Menschen mit unserer Menschen-Magie die Umwelt verzaubert, aber wir haben es übertrieben. Wir haben unseren Ozeanen zu viele Fische geklaut und sie mit zu viel Müll überschwemmt. Wir haben zu viele wilde natürliche Landschaften zerstört. Zu viele Wälder und zu viele Wildwiesen. Zu viele Flüsse und zu viele Moore.

Manche Menschen denken, dass die Welt deswegen schon ganz bald untergeht. Und wir Menschen schon ganz bald alle aussterben. DAS STIMMT NICHT! Aber das wissen nicht alle. Und so haben viele Menschen große Angst. Es kann ja auch Angst machen, wenn man weiß, dass unsere Gier nach Immer-Mehr so viel kaputt macht. Wenn man weiß, dass manche Menschen schon jetzt gar nicht mehr schön leben und kaum noch überleben können. Wenn man nicht weiß, was man machen kann. Und merkt, dass die Menschen, die sehr viel haben und sehr reich sind, sich weniger Sorgen machen müssen als die, die ohnehin schon weniger haben. Es ist einfach ungerecht.

Und es gibt leider auch nicht nur viel Angst. Wir Menschen streiten auch ziemlich viel: Wer mehr fliegt. Wer mehr Fleisch isst. Wer darf noch mehr schönes Leben und wer hat schon genug? Und das freut manche Menschen richtig! Also, dass wir uns so viel miteinander streiten. Denn es gibt Menschen, die sind wirklich supergierig. Vor allem nach Geld. So gierig, dass sie immer und immer mehr davon wollen. Dafür zerstören sie mehr Natur als alle anderen Menschen zusammen. Und damit die anderen das nicht bemerken, lenken sie von ihrer Gier und dem Schaden, den sie damit anrichten, ab. Und weißt Du, wie? Sie stacheln die anderen Menschen immer weiter gegeneinander auf. Denn wenn die damit beschäftigt sind, miteinander zu streiten, dann verbünden sie sich nicht gegen die Geld-Gier-Menschen.

Ja, vor lauter Angst und Streiterei bilden wir keine Banden. Dabei wäre eine große, gemeinsame Menschen-Bande ohne Streit und ohne Grenzen jetzt richtig gut.

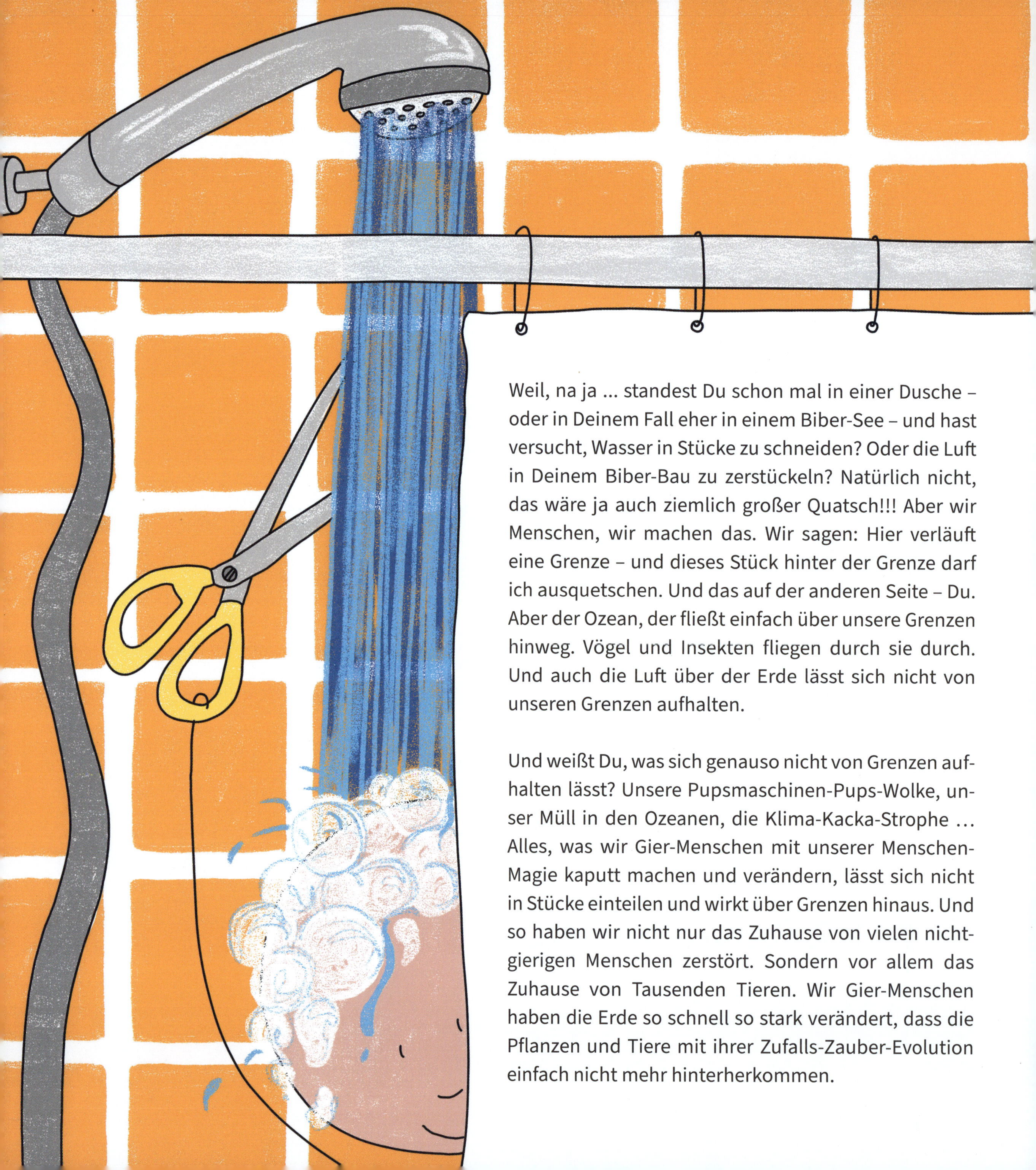

Weil, na ja … standest Du schon mal in einer Dusche – oder in Deinem Fall eher in einem Biber-See – und hast versucht, Wasser in Stücke zu schneiden? Oder die Luft in Deinem Biber-Bau zu zerstückeln? Natürlich nicht, das wäre ja auch ziemlich großer Quatsch!!! Aber wir Menschen, wir machen das. Wir sagen: Hier verläuft eine Grenze – und dieses Stück hinter der Grenze darf ich ausquetschen. Und das auf der anderen Seite – Du. Aber der Ozean, der fließt einfach über unsere Grenzen hinweg. Vögel und Insekten fliegen durch sie durch. Und auch die Luft über der Erde lässt sich nicht von unseren Grenzen aufhalten.

Und weißt Du, was sich genauso nicht von Grenzen aufhalten lässt? Unsere Pupsmaschinen-Pups-Wolke, unser Müll in den Ozeanen, die Klima-Kacka-Strophe … Alles, was wir Gier-Menschen mit unserer Menschen-Magie kaputt machen und verändern, lässt sich nicht in Stücke einteilen und wirkt über Grenzen hinaus. Und so haben wir nicht nur das Zuhause von vielen nicht-gierigen Menschen zerstört. Sondern vor allem das Zuhause von Tausenden Tieren. Wir Gier-Menschen haben die Erde so schnell so stark verändert, dass die Pflanzen und Tiere mit ihrer Zufalls-Zauber-Evolution einfach nicht mehr hinterherkommen.

Weißt Du noch, wie wir gesagt haben, dass gemeinsam mit den meisten Dinos so viele Lebewesen starben, dass man das „Massenaussterben“ nannte? In den letzten Jahren sind so viele Tiere ausgestorben oder vom Aussterben bedroht, dass viele vom Beginn des nächsten Massenaussterbens sprechen. Das erste Massenaussterben seit 66 Millionen Jahren. Nur, dass dieses Mal nicht ein Himmel-Stein der Grund für das Massenaussterben ist. Sondern wir Gier-Menschen.

BIBIBIBER: Wie gemein-gierig seid Ihr Menschen denn bitte? Nur weil Ihr die Menschen-Magie habt und Ihr Euch einfach anpassen könnt, sind Euch die anderen alle EGAL? Nur für Euer Schöner-Leben können die anderen nicht einmal über-leben?

Ja. Es ist wirklich ziemlich gemein. Aber selbst für uns Gier-Menschen mit unserer Menschen-Magie ist das wirklich ganz und gar nicht egal. Und einfach so weitermachen wäre selbst für uns ganz großer:

QUATSCH MIT SOSSE!

Sogar für die, denen wirklich alle anderen egal sind.

GLAUBST DU NICHT? DANN BLÄTTER MAL UM!

Denn wenn man die IMMER-MEHR-GIER, den MÜLL, das MASSENAUSSTERBEN und die KLIMA-KACKA-STROPHE auf einen Haufen wirft, ist das ein ziemlich großer, menschengemachter

KACKA-STROPHEN-KACKA-HAUFEN!

STELL DIR VOR, DIE ERDE WÄRE EIN SPIELZIMMER.
WIR MENSCHEN SITZEN IN UNSEREM ERDENZIMMER. SPIELEN, ERFINDEN, BAUEN. PFLANZEN UND ESSEN GIERIG GLÜCKLICH VOR UNS HIN UND RÄUMEN DABEI DAS GANZE ZIMMER UM.
MEHR, MEHR, MEHR - IMMER MEHR SCHÖNES LEBEN!
BÄREN RAUS!
WÖLFE AUCH!
SO ENTSTEHT UNSER GROSSER KACKA-STROPHEN-HAUFEN.
GEBT UNS UNSEREN WALD ZURÜCK!
UND DIE FELDER!
UND DIE MEERE!
KACKA-STROPHEN-HAUFEN
UND WEIL DER STINKT UND WIR KEINE LUST HABEN, IN EINEM KACKA-HAUFEN ZU SITZEN…
BÄH! WIE UNANGENEHM!
KACKA-STROPHEN-HAUFEN
…NEHMEN WIR DEN KACKA-HAUFEN UND WERFEN IHN EINFACH NACH HINTEN.

JETZT IST ES BEI UNS WIEDER SAUBER. UND STINKT AUCH NICHT MEHR SO. WIE GUT, DENKEN WIR. DAS KACKA IST WEG.
WIE GUT! DAS KACKA IST WEG!
...UND SPIELEN EINFACH WEITER, ALS WÄRE NICHTS GEWESEN.
UND SO KOMMT IMMER MEHR KACKA DAZU. UND WIR WERFEN IMMER MEHR KACKA NACH HINTEN.
ERST IST ES NUR IN DER ZIMMERECKE. DOCH DANN BEDECKT ES IRGENDWANN DEN GANZEN ERDEN-ZIMMER-BODEN.
UND WÄHREND DURCH DIESE KACKA-SCHICHT DIE ERSTEN LEBEWESEN SCHON UM IHR ÜBERLEBEN KÄMPFEN...

...WEIL SIE SICH GAR NICHT AUF DIESES KACKA VORBEREITEN KONNTEN, DA FÄNGT ES AUCH UNS MENSCHEN LANGSAM
NICHT COOL!
STOP!
WIEDER AN, ZU STINKEN. UND IM KACKA STEHEN DAS WOLLEN WIR NATÜRLICH AUCH NICHT!
MAN KÖNNTE MEINEN: JETZT HÖRT DER MENSCH DOCH BESTIMMT AUF MIT DER GANZEN KACKA-HAUFEN-MACH-UND-WERFEREI UND RÄUMT DAS GANZE KACKA WEG. ABER:
FALSCH GEDACHT!
LEIDER!
MIR DOCH EGAL, DASS DIE TIERE IN MEINEM KACKA UNTERGEHEN. ICH BIN DER MENSCH. ICH HABE IDEEN. ICH BAUE MIR EINFACH STELZEN. DANN STEHE ICH ÜBER DEM KACKA-BODEN UND KANN WEITERMACHEN WIE BISHER.
UND DAS MACHT DER MENSCH AUCH. ER BASTELT SICH STELZEN UND MACHT WEITER MIT DER GROSSEN KACKA-MACH-UND-WERFEREI, ALS WÄRE NICHTS GEWESEN.
-WOW-
SCHICK
SO WIRD ES IMMER MEHR UND MEHR KACKA UND BALD SCHON IST DAS HALBE ERDEN-ZIMMER EIN GROSSER:
KACKA-STROPHEN-HAUFEN!

OHA! KÖNNTE MAN GLAUBEN. ABER JETZT, JETZT HÖRT DER MENSCH DOCH BESTIMMT AUF MIT DEM GANZEN KACKA!
FALSCH GEDACHT!
LEIDER!!!
DER MENSCH DENKT SICH:
BAU ICH HALT EINE VERLÄNGERUNG AN MEINE STELZEN – IST DOCH SUPER! SOLL DAS KACKA DOCH WEITER ANSTEIGEN. MIR UND MEINEN VERLÄNGERUNGSSTELZEN IST DAS KACKAPIEPSEGAL!
WIR GEHEN UNTER!!!
WIR SIND HIER, WIR SIND LAUT, WEIL IHR UNS DIE STELZEN KLAUT!
STELZEN FÜR ALLE!!!
STOP
DASS GAR NICHT ALLE MENSCHEN HOLZ FÜR STELZEN HABEN, DAS IST DEM GIERIGEN STELZEN-MENSCHEN EGAL. UND DASS NICHT NUR DIE NICHT-STELZEN-MENSCHEN, SONDERN IMMER MEHR UND MEHR PFLANZEN UND TIERE IN SEINEM KACKA UNTERGEHEN, DAS KÜMMERT DEN STELZEN-MENSCHEN AUCH NICHT.
DAS KÜMMERT MICH AUCH NICHT!
UND SO MACHT ER EINFACH IMMER WEITER.
MEHR KACKA. HÖHERE STELZEN.
NOCH MEHR KACKA. NOCH HÖHERE STELZEN.
ABER

...IRGENDWANN, JA IRGENDWANN, DA KOMMT UNSER KACKA GANZ OBEN AN DER ZIMMERDECKE AN. UND DANN? DANN MERKT VIELLEICHT SELBST DER STELZEN-MENSCH, DASS ER NUR DIESES EINE ZIMMER HAT UND NICHT UNENDLICH LANG IMMER WEITER AN DIE STELZEN ANBAUEN KANN. JA DANN,—

SPÄTESTENS DANN, MERKT VIELLEICHT SELBST DER STELZEN-MENSCH, DASS ER IM KACKA-ZIMMER VIELLEICHT NOCH ÜBERLEBEN, ABER GANZ SICHER NICHT MEHR SCHÖN LEBEN KANN. DABEI FING DIE GANZE KACKA-ZIMMER-GESCHICHTE DOCH NUR WEGEN DER GIER NACH IMMER-MEHR-SCHÖNER-LEBEN AN.

BIBIBIBER: OH, OH! Heißt das, nach der Riesen-Himmel-Stein-Katastrophe macht jetzt die Komplette-Kacka-Strophe vom Gier-Menschen alle Lebewesen und auch den Menschen kaputt?

NEIN. Es stimmt schon: Die KOMPLETTE-KACKA-STROPHE ist wirklich komplett kacka! Aber so ausweglos wie bei den Dinos ist die Lage nicht! Es gibt einen sehr großen und sehr wichtigen Unterschied:

Die Dinos konnten überhaupt nichts dagegen tun, dass der Himmel-Stein auf die Erde prallte und ihre Welt sich für immer veränderte. Sie wussten nichts davon. Und selbst wenn, hätten sie nichts dagegen tun können. Sie waren ihrer Katastrophe einfach ausgeliefert. Doch wir Menschen, wir sind das nicht. Wir müssen nicht hilflos dabei zusehen, wie das ganze Erden-Zimmer im Kacka versinkt. Denn wir wissen Bescheid! Und eine gute Sache hat es, dass wir selbst schuld sind an unserem KACKA-STROPHEN-HAUFEN: Wir haben ihn hier hingemacht. Und wir können ihn auch wieder wegmachen! Wir wissen sogar, wie!

Wenn wir unsere Welt wieder mit den anderen Tieren und Pflanzen teilen und ihnen Meere, Wälder, Wildwiesen, Moore und Seen zurückgeben. Wenn wir weniger Müll machen und Maschinen nutzen, die weniger pupsen. Wenn wir verstehen, dass unsere Erde EIN großes Spielzimmer für ALLE ist. Dann können wir die Welt verändern. Und die Komplette-Kacka-Strophe verhindern.

BIBIBIBER: Aber wie wollt Ihr das schaffen?

Wir lernen. Wir mutigen, neugierigen Menschen, die wir wissen wollen, ob Dinos wirklich alle tot sind. Wir lernen. Von einfach allem, was wir Dir in diesem Buch erzählt haben. Von den Dinosauriern und Vögeln. Von ihrem Klettergerüst, das schon so groß ist. Und ihrer Geschichte, die so aufregend ist und lang. Unser Menschen-Klettergerüst ist noch viel kleiner. Unsere Geschichte fängt gerade erst an. Und es kann eine so schöne Geschichte werden.

RABEN

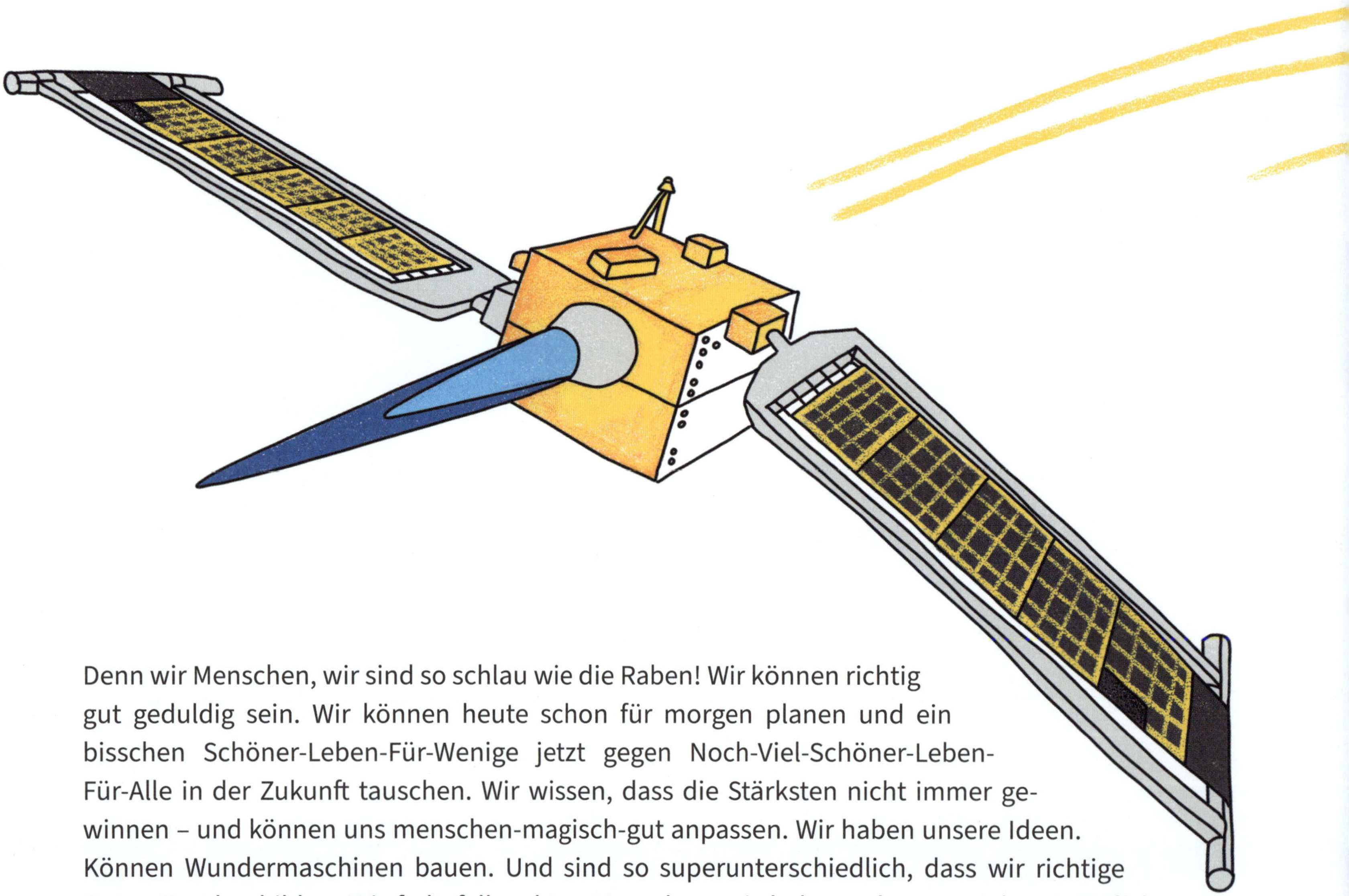

Denn wir Menschen, wir sind so schlau wie die Raben! Wir können richtig gut geduldig sein. Wir können heute schon für morgen planen und ein bisschen Schöner-Leben-Für-Wenige jetzt gegen Noch-Viel-Schöner-Leben-Für-Alle in der Zukunft tauschen. Wir wissen, dass die Stärksten nicht immer gewinnen – und können uns menschen-magisch-gut anpassen. Wir haben unsere Ideen. Können Wundermaschinen bauen. Und sind so superunterschiedlich, dass wir richtige Super-Banden bilden. Wir federfellnackten Menschen, wir haben schon so viele unmögliche Dinge geschafft. Und weißt Du was? Gerade erst haben wir wieder so etwas Unmögliches möglich gemacht. Wir haben an die Zukunft gedacht, eine Bande gebildet und sieben Jahre lang eine wahre Wundermaschine gebaut.

So klein wie ein Kühlschrank. Mit einer Wunder-Kamera, einer Wunder-Antenne und zwei Wunder-Sonnen-Segeln. Dann haben wir diese Wunder-Kamera-Antennen-Sonnensegel-Maschine an die Spitze einer nicht weniger wunderbaren Rakete geschnallt und sind mit ihr ins Weltall geflogen. Hier hat sie ihre Wunder-Sonnen-Segel ausgerollt, ist ganz alleine weitergeflogen, hat ihr Ziel erfasst und dann …

Dann ist sie mit voller Wucht in einen Himmel-Stein gekracht.

10 Monate, so lange wie der längste Vogel-Flug, war sie unterwegs. Und flog dabei so weit, wie noch nie ein Vogel flog. 11 Millionen Kilometer.

BIBIBIBER: Nur um dann in einen Himmel-Stein zu knallen???

Ja. Und weißt Du was: Das war volle Absicht! Denn unsere

WUNDER-KAMERA-ANTENNEN-SONNEN-SEGEL-MASCHINE,

die ist eine

WUNDER-KAMERA-ANTENNEN-SONNEN-SEGEL-SCHUBS-MASCHINE.

Und mit ihr wollten wir etwas ziemlich Unglaubliches ausprobieren. Wir wollten ausprobieren, ob wir kleinen Menschen fußballfeldgroße Himmel-Steine wegschubsen können. So wie der Elefant mit seinem Elefanten-Körper einen Baum wegrammt, wollten wir mit unserer Wunder-Kamera-Antennen-Sonnensegel-SCHUBS-Maschine einen Himmel-Stein wegrammen. Wir wollten nicht, dass er umfällt, wie ein vom Elefanten gerammter Baum. Aber wir wollten ihn ein Stück zur Seite schubsen. Und dafür mussten wir wirklich jede Menge Menschen-Magie in unsere Idee stecken.

Denn, versteh uns nicht falsch: Es ist schon beeindruckend, dass so ein Elefant einen Baum einfach umrammen kann. Nur, so ein Elefant wiegt halt auch 6 Tonnen (also 6.000 kg). Und ist gar nicht so viel kleiner als ein Baum. Aber um mit einer 600 kg leichten, kühlschrankkleinen Wundermaschine im Weltraum einen fußballfeldgroßen Himmel-Stein wegzuschubsen, da reicht es nicht, sehr stark und sehr schwer zu sein. Nein. Bei so einer Himmel-Stein-Schubs-Aktion, da gewinnen wirklich nicht die Stärksten. Sondern die

SUPER-UNTERSCHIEDLICH-SUPER-GEMEINSAM-SUPER-ANGEPASST-SUPER-WIE-RABEN-AN-MORGEN-DENKENDEN.

Und was sollen wir sagen: Wir haben gewonnen! Es hat tatsächlich geklappt. Und jetzt? Jetzt können wir Menschen Himmel-Steine im Weltall schubsen!!! Und damit können wir nicht nur super vor Elefanten angeben. Wir können auch verhindern, dass es uns so ergeht wie den meisten Dinosauriern. Denn wir Menschen beobachten den Himmel nicht nur, um nach Wünsch-Dir-Was-Sternschnuppen Ausschau zu halten. Wir beobachten auch all die Himmel-Steine, die um die Sonne kreisen. Und sollte irgendwann einmal einer dieser Himmel-Steine auf die Erde zurasen, dann sind wir vorbereitet. Und können den Himmel-Stein einfach wegschubsen!!!

BIBIBIBER: BOA!!!

JA! Und jetzt mal unter uns: Wer mit kühlschrankkleinen Wundermaschinen Himmel-Steine im Weltall hin und her schubsen kann, der kann auch sein Zimmer aufräumen. Alles andere wäre doch wirklich großer

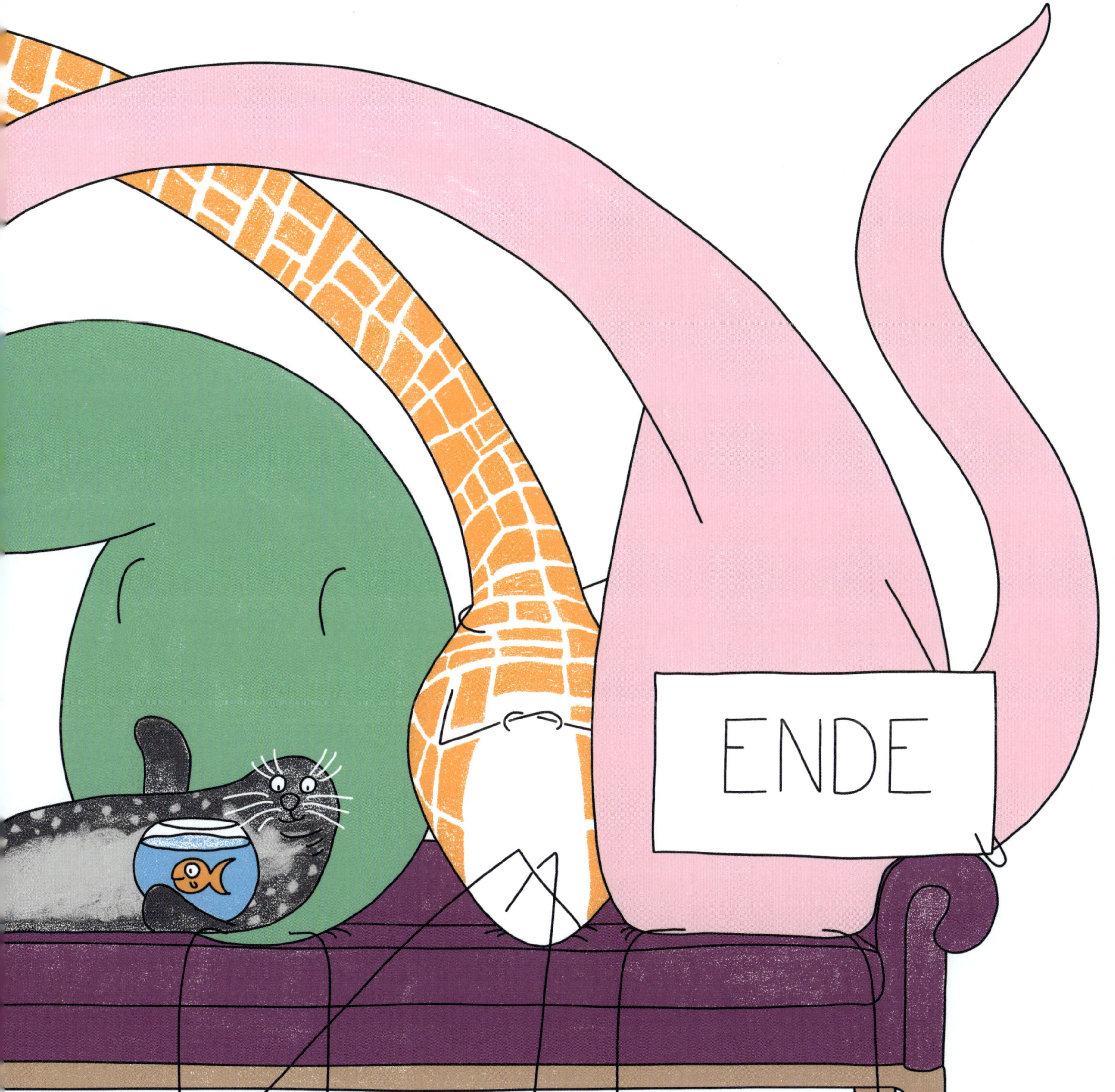
ENDE

MEHR ÜBER MAI & MARIE

MARIE

FOTO © BORIS BREUER

malt, schreibt, singt, denkt, bildet Banden, schwimmt und kocht supergern und supergut. Außerdem hat sie immer richtig viele richtig gute Ideen und findet selbst für die witzigsten, mutigsten und neusten Ideen irgendwie einen Weg, sie auch umzusetzen. Dafür hat Marie schon richtig wichtige Preise gewonnen. Solche, wo man vorher auf roten Teppichen fotografiert wird. Das mag Marie aber gar nicht so gerne, weil sie viel lieber selber fotografiert. Und weil sie sich gar nicht so gerne schick macht. Viel lieber macht sie sich dreckig. Zum Beispiel, wenn sie Dinge baut. Am liebsten sehr große Dinge, die sie mit guten Leuten teilen kann. Als sie vor einiger Zeit mal wieder so etwas sehr Großes baute (eine Terrasse für ganz viele Menschen direkt an einem See, durch den sie so gerne schwimmt), da kam ihr eine ihrer guten Marie-Ideen: DIE IDEE FÜR BIBIBIBER.

Und weil Marie ja so gerne Banden bildet und wusste, dass sie zwar sehr schlau ist, sehr viel über Menschen, Kunst, Musik und Schreiben weiß, aber so gar nicht viel über Chemie, Biologie, Physik und so, wusste sie sofort, wen sie jetzt anrufen muss. Ihre Freundin.

MAI

denkt, schreibt, filmt, moderiert, tanzt, kocht, spielt Klavier und ist in einfach allem davon sehr, sehr gut. Sie ist superschlau. Und sie lernt auch sehr schnell. Zum Beispiel, wie man Videos filmt und schneidet. Und Mai lernt Dinge nicht nur sehr gut, sie macht sie dann auch. Und wie sie die Dinge macht! Getanzt hat sie so gut, dass sie mit ihrer Tanz-Gruppe sogar Weltmeister war. Und ihre Videos, die haben sich im Internet mehrere Millionen Menschen angesehen! Aber ihre Videos sind nicht nur sehr erfolgreich, sie sind auch noch sehr gut. So gut, dass Mai und ihre Video-Bande dafür so viele Preise gewonnen haben, dass man wahrscheinlich ein ganzes BiBiBiber-Buch damit füllen könnte. Und so gut, dass Mai jetzt auch im Fernsehen arbeitet. Und sowieso macht Mai einfach so viele Dinge, dass sie sich EIGENTLICH sehr sicher war:

Ich kann auf keinen Fall noch irgendetwas Neues machen. Egal, was es ist, ich muss es absagen! Doch dann klingelte das Telefon. Und Marie erzählte ihr ihre Idee. Da war Mai sofort klar, dass dieses EIGENTLICH MUSS ICH ALLES ABSAGEN für wirklich alles zählt – ABER NICHT FÜR BIBIBIBER!

SEITDEM ARBEITEN SIE GEMEINSAM DARAN, DASS AUS EINER IDEE WIRKLICHKEIT WIRD. UND DIESES BUCH IST DER BEWEIS, DASS SIE ES GESCHAFFT HABEN!

DASS SIE ES GESCHAFFT HABEN, HABEN SIE AUCH GANZ VIELEN TOLLEN MENSCHEN ZU VERDANKEN, MIT DENEN SIE EINE GROSSE BIBIBIBER-BANDE GEGRÜNDET HABEN.

JENS FOELL & LARS DITTRICH,
die superkrass schlau sind und superviel über Dinosaurier, Affen, Evolution und so viel mehr wissen. Ganz viel von dem steckt in diesem Buch. Außerdem hören sie einfach nie, nie auf, Fragen zu stellen. Das ist eh und immer gut. Aber für ein Buch, das „BiBiBiber hat da mal 'ne Frage" heißt, natürlich besonders. Und weil das alles so wichtig für dieses Buch war, möchten Mai und Marie den beiden nicht nur DANKE sagen, sondern ganz deutlich für alle klarstellen: Die zwei sind **PREMIUM-MITGLIEDER** der BiBiBiber-Bande!!!

CONSTANZE WEIHRAUCH,
die so, so gut darin ist, Dinge zu organisieren und Unmögliches möglich zu machen! Ohne sie hätten Mai und Marie gar nicht die Zeit für all das Denken und Schreiben und Malen. Deswegen sind die beiden Constanze und ihrer Orga-Bande (♥ Alina) so dankbar, dass es sie gibt, dass ein Danke gar nicht ausreicht. Daher kommt hier direkt ein zweites:
DANKE!
Und eine extra Blume auch noch dazu.

FOTOS © BORIS BREUER

DIE BIBIBIBER-BANDE IM OETINGER VERLAG: Sarah Nünning (Snü), Helene Hillebrandt, Imke Ahrens, Julia Bielenberg, Susanne Mardt, Nina Horn, Anne Petersen, Nina Staedler, Jennifer Selchow, Helga Blümlein, Lea Wiebusch, Judith Kaiser, Anika Tasche, Alexandra Fürtauer, Angela Twiefel, Sabine Conrad und Frauke Weise.

DIE TOLLEN MENSCHEN, DIE DIESES BUCH PROBE GELESEN HABEN: Otto Palm, Luise und Helene Theune, Piet und Wim Lindner, Jetti Eberhard, Helena Zimmermann, Henri, Sophie Schnase und unsere Korrektorinnen Anja Davidsen, Eva Reisinger und Martina König.

NATÜRLICH AUCH AN: Peer Bießmann für den juristischen Rückenwind und Frank Bott dafür, dass sich BiBiBiber ohne Steuersorgen durch die Weltgeschichte fragen kann, Doro Zauner für ihre Presse-Zauner-Zauberei, Boris Breuer für die tollen Fotos und Andrea Braun dafür, dass Mai und Marie auf den Fotos so gut aussehen.

UND UNBEDINGT UND IMMER AN ALL DIE MENSCHEN, DIE AUCH PRIVAT MIT MAI UND MARIE BANDEN GRÜNDEN:
Matthias, die Eltern von Mai, die große Maus und das kleine Vögelchen, Maries Lieblingsmenschen, Maries Familie, die See-Terrassen-Crew und Manu, der immer für Marie und auch für den Text in diesem Buch da war.

QUELLEN, ERKLÄRUNGEN UND NOCH MEHR INFOS

Auf der Seite 7 sind sehr viele Dino-Töne und daneben (auf der Seite 6) nur ein einziger Menschen-Ton. Hast Du gezählt, wie viele Dino-Töne da sind? Es sind genau 550. Denn die Dinos haben 550-mal länger den Ton auf unserer Erde angegeben als wir Menschen.

Auf der Seite 23 schreiben wir, dass alle Vögel Dinos sind. „Wirklich alle Tiere, die wir heute Vögel nennen". Und es stimmt schon, dass alle Vögel Dinosaurier sind, aber wenn wir es ganz genau nehmen (und wir nehmen es sehr gerne sehr genau), stimmt der Satz, dass wirklich alle Tiere, die wir heute Vögel NENNEN, Dinos sind, nicht. Denn es gibt ein paar Tiere, die wir VÖGEL nennen, obwohl es gar keine Vögel sind. Zum Beispiel gibt es die Schmetterlinge Mondvogel, Sturmvogel oder Brauner Waldvogel. Und die, die sind nicht mit den Dinosauriern verwandt. Die sind ja auch keine Vögel.

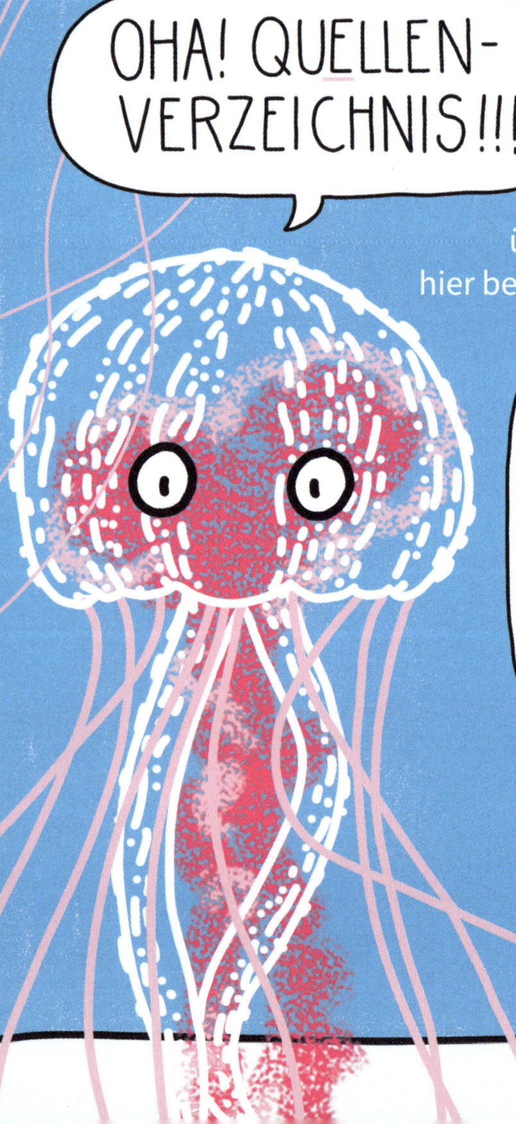

Auf der Seite 43 schreiben wir, dass ein Elefant so viel wiegt wie 2 Milliarden Ameisen. Wie wir darauf kommen? Es ist so: Der Afrikanische Elefant ist das größte und schwerste derzeit lebende Landtier. Männliche Afrikanische Elefanten können über 6 Tonnen schwer werden. Ameisenarten gibt es ganz viele, auch hier bei uns in Deutschland – zum Beispiel die Gelbe Diebsameise. Sie leben in großen Ameisen-Banden zusammen, die man Ameisen-Kolonien nennt.

Sie bestehen aus bis zu 100.000 Arbeiter-Ameisen und mehreren Ameisen, die Königinnen sind. Die Arbeiterinnen haben eine Größe von 1,5 bis 3 Millimeter, die Männchen liegen bei 3,5 bis 5 Millimeter. Daher haben wir für unsere Rechnung gesagt, eine Ameise wiegt 3 Milligramm. Und dann geht die Rechnung so:

1 Elefant = 6 Tonnen = 6.000 Kilogramm = 6.000.000 Gramm = 6.000.000.000 Milligramm
Das heißt: 1 Elefant wiegt 6.000.000.000 Milligramm.

Also rechnen wir 6.000.000.000 Milligramm (Elefant) GETEILT DURCH 3 Milligramm (Ameise) = 2.000.000.000 Milligramm = 2 Milliarden. Ein Elefant wiegt so viel wie 2 Milliarden Ameisen.

Erinnerst Du Dich noch an die Kiwi-Geschichte auf der Seite 66? Leider ist es für unseren fürchterlich niedlichen Kiwi nicht bei der Katzen-Katastrophe geblieben. Es kamen immer mehr Feinde dazu: Hermeline, Hunde, Wiesel und Frettchen. Aber es gibt auch richtig gute Kiwi-Nachrichten. Wir Menschen, wir haben die Kiwis nicht alleingelassen! Es gibt Kiwi-Schutzzonen, Kiwi-Rettungsstationen – ja, sogar einen Kiwi-Monat. Das ist der Oktober. Und so ist der Kiwi zwar immer noch bedroht, aber ausgestorben ist er nicht. Und wir Menschen haben gezeigt, dass unsere Menschen-Magie auch richtig magisch-gut helfen kann!

Wenn Du wissen möchtest, welche Vögel auf den Seiten 62 und 63 sind, warum wir sagen, dass es auf der Erde nach dem Himmel-Stein-Einschlag dunkler war als am dunkelsten Wintertag, wie wir den Zollstock der Erde berechnet haben und woher wir all die anderen Dinge wissen, die wir im Buch aufgemalt und aufgeschrieben haben: Wir haben eine extra Seite nur dafür erstellt. Und sollten sich Dinge, die wir hier geschrieben haben, ändern, weil wir Menschen wieder mal was Neues rausfinden über Dinosaurier oder Himmel-Steine oder Vögel, dann schreiben wir es auch hier hin: www.bibibiber.com/SindDinosWirklichAlleTot/lesen

MIX
Papier | Fördert gute Waldnutzung
FSC® C002795

Originalausgabe
1. Auflage

Max-Brauer-Allee 34, 22765 Hamburg

Druck und Bindung: Livonia Print SIA,
Jurkalnes iela 15/25, LV-1046 Riga, Lettland
Printed 2024
ISBN 978-3-7512-0380-7

www.oetinger.de

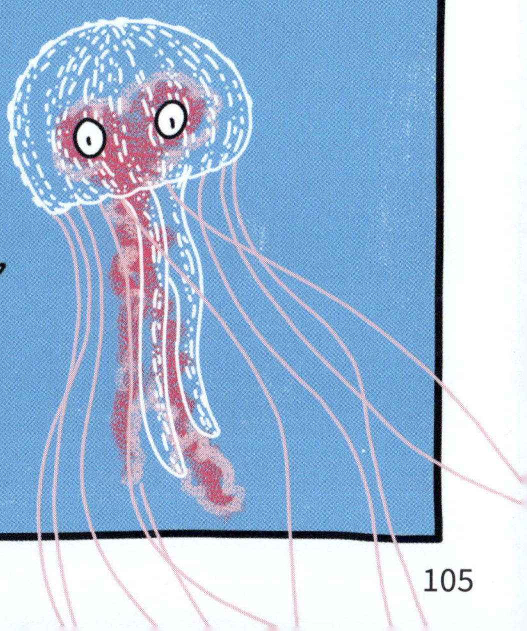